拼多多店赚钱妙招

陈海涛◎编著

SPM 南方传媒 | 广东经济出版社

·广州·

图书在版编目（CIP）数据

拼多多店赚钱妙招 / 陈海涛编著．-- 广州：广东经济出版社，2025.3．-- ISBN 978-7-5454-9451-8

Ⅰ．F713.365.2

中国国家版本馆 CIP 数据核字第 202495ZL25 号

责任编辑：蒋先润　谢善德
责任校对：朱敏红
责任技编：陆俊帆

拼多多店赚钱妙招
PINDUODUO DIAN ZHUANQIAN MIAOZHAO

出 版 人：刘卫平
出版发行：广东经济出版社（广州市水荫路 11 号 11 ～ 12 楼）
印　　刷：佛山市迎高彩印有限公司
（佛山市顺德区陈村镇广隆工业区兴业七路 9 号）

开　　本：730 mm×1020 mm　1/16　　印　　张：16.75
版　　次：2025 年 3 月第 1 版　　印　　次：2025 年 3 月第 1 次
书　　号：ISBN 978-7-5454-9451-8　　字　　数：264 千字
定　　价：58.00 元

发行电话：（020）87393830
广东经济出版社常年法律顾问：胡志海律师
如发现印装质量问题，请与本社联系，本社负责调换

前 言

Preface

掘金拼多多，还有机会

现在去拼多多开店，还有没有赚钱机会?

回答是肯定有!

拼多多作为中国新电商模式的开拓者，将社交娱乐元素融入电商之中，以“社交+电商”的商业模式，给用户提供了全新的共享式购物体验。

成立于2015年的拼多多，经过近10年的高速增长，已成长为国内社交电商领域的无冕之王。

拼多多的平台规模持续扩容，吸引了越来越多的商家入驻，完善的商家生态又吸引了大量的活跃用户涌入；而全品类的货品供给则继续推动这一循环，业务转动的齿轮成为企业增长的飞轮，相互促进的良性循环在助推平台规模持续增长。

截至2024年3月，拼多多平台已经聚集了近1000万的商家及近9亿的活跃用户。

拥有海量用户和商家资源的拼多多是一个拥有巨大潜力的电商平台。

在拼多多开店，能不能赚到钱？这是新手商家入驻拼多多前最关心的问题。下面让成功的商家来现身说法：

拼多多某食品专营店店主：“这是一个创造奇迹的平台，入驻其他电商平台很多年了，从未体验过一天出几万件量，但在这里，我们轻松做到了。”

拼多多某化妆品专营店店主：“加入拼多多后，短短两个月我们团队的销售额就达到了1000万元，简直不可思议，打破了我们做电商几年来的各种销售数据，这是一个神奇且市场价值巨大的平台。”

拼多多某美妆店店主：“我是从12月份开始运营店铺的，‘双12’当天我的营业额就超过了100万元。虽然这是一个很小的额度，但对于一个新手商家而言，这是一个很大的鼓励。”

拼多多某女装店铺经营团队：“拼多多是一个创造奇迹的平台，‘6·18’活动期间，我们店铺7天卖了500万元的货，不到一年销售额已经达到4000多万元了。”

新手商家能否复制上述商家的成功？这就要看新手商家的综合运营能力了。

在当下的主流电商平台中，拼多多的开店门槛最低（几乎是零门槛），非常适合中小商家、新手商家快速开店。

也正因为门槛低，所以同台竞技的对手更多，要想快速火爆，脱颖而出，考验的就是商家的综合运营能力了。

如果只是随波逐流，盲目参与到拼多多的开店浪潮中，对于选品、店铺运营都缺乏独到而深刻的认识，只是简单地把店铺开起来，将商品上架，试图通过新品权重获得免费的扶持流量，拿到订单，这显然将是店主的一厢情愿，结果很可能是一地鸡毛。

零基础不可怕，新手商家完全可以通过学习迅速摆脱菜鸟阶段，掌握拼多多店铺的运营关键点和精髓，扫除认知上的盲区后再投入经营实战。这样便能大大提高成功的概率。

本书正是为在拼多多平台开店的新手商家所写，着眼于零基础学习拼多多开店、装修、运营与推广，主要内容包括开店流程、店铺装修、选品定价、宝贝上架、店铺运营、用户运营、付费推广、推手引流、大促活动、直播带货、售后服务，以实战为要旨，帮助新手商家立体化认识拼多多平台、用好拼多多平台，轻松实现在拼多多平台打造自家旺铺。本书是一本可以随时查阅的工具书，不仅适合拼多多的品牌商家、创业者、电子商务从业者参考学习，也可作为企业电商岗位培训教材供相关从业人员参加就业培训、岗位培训使用。

长江后浪推前浪，在拼多多运营店铺，只有善于学习、不断精进、敢于颠覆自我的商家，才能后来居上、永立潮头，不断创造新的经营奇迹！

陈海涛

2024年秋

目　录

Contents

第九章 大促活动：威力巨大的营销活动

第十章 直播带货：引爆流量的多多直播

第十一章 售后服务：让头回客变成回头客

第一章

开店流程：新手商家如何开店

拼多多作为国内领先的社交电商平台，拥有海量的用户和商家资源。作为“拼得多、赚得多”的新电商开拓者，拼多多对新手商家极为友好，入驻门槛几乎为零。新手商家可以极速开店、起店，但首先要做好店铺定位，才有可能在海量的商家中脱颖而出。

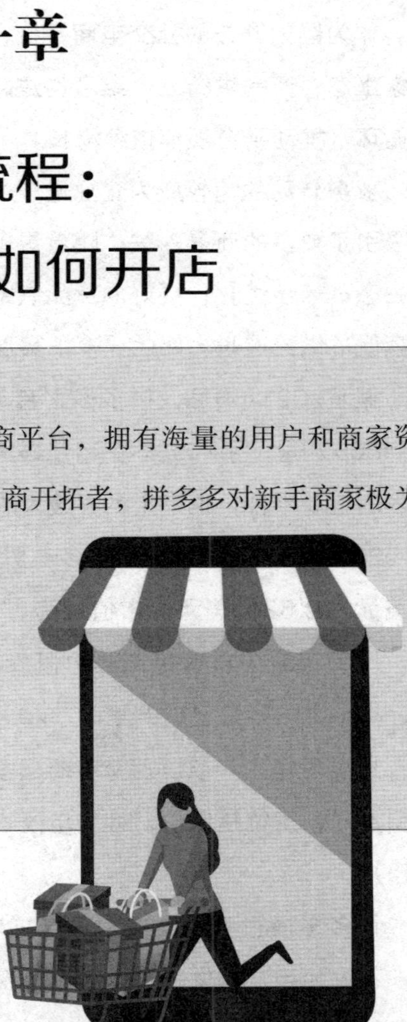

1. 拼多多平台的开店优势

作为国内领先的社交电商平台，拼多多在发展过程中逐步在用户规模、商家生态、商品供给三个维度构建起核心竞争壁垒。三者相互促进，形成正向循环，推动平台规模持续增长。

业务转动的齿轮成为企业增长的飞轮，拼多多用户规模与用户需求的增长吸引了更多的商家入驻；随着更多的商家打通经营链路，拼多多平台的供给生态进一步优化；更好的货品供给又进一步吸引了用户，流量规模扩大则继续促进供给增长。如此一来，实现了增长的良性循环。

截至2021年6月，拼多多平台年均活跃用户数已达到8.499亿，商家数达到860万家，平均每日在途包裹逾1亿单。拼多多不仅是中国内地用户数最多的电商平台，也是全世界最大的农副产品线上零售平台。

2023年11月30日，拼多多美股市值超过阿里巴巴，收盘时市值为1959亿美元，以52亿美元的市值优势，从阿里巴巴手中接过中国第一电商的王座，成为美股中市值最高的中概股。拼多多已经成长为国内领先的电商平台，称得上“轻舟已过万重山”。

拼多多作为一家以社交电商起家的平台，通过用户之间的分享和拼团来吸引用户，定位是低价、社交电商，主要服务于广大农村市场和追求性价比的用户。

拼多多通过引入社交电商模式和拼团机制，打破了传统电商平台的瓶颈，不仅为用户提供了更优质的消费体验，也为大量第三方商户提供了一个展示、销售优质商品的平台。

拼多多对商家的吸引力和优势主要体现在以下几个方面：

（1）流量优势

互联网时代，流量决定一切，所有生意的本质都是流量。

流量即线上用户，是电商的核心要素之一。拼多多作为中国较大的团购电商平台，拥有海量的活跃用户。截至2024年3月，拼多多年均活跃用户数量已接近9亿，成为用户规模第二大的电商平台，且用户活跃度和交易频次都高于竞争对手。

在拼多多开店，能够直接受益于平台的巨大流量，增加商品的曝光度和销售机会。

（2）入驻免费

商家入驻拼多多不需要交纳费用，只需按相应类目交纳店铺保证金。店铺保证金在提交退店申请一个月内通过审核即会退回至商家账户。

（3）佣金低

相较于其他电商平台，拼多多的佣金较为低廉，可以降低商家的经营成本，提高利润。

（4）开店流程简单

在拼多多开店，操作流程很简单，门槛非常低，无论是个人还是企业都可以入驻，给想要创业的人提供了一个很好的平台。与其他电商平台相比，拼多多的低入驻门槛具有很大的优势。

（5）一个身份证可开多家店铺

在淘宝开店，一个身份证只能开一家店铺，一旦店铺被封，商家便无法继续经营。但在拼多多可以用一个身份证开多家个人店铺或者5家企业店铺，只不过每一家店铺都需要一个未在拼多多开过店的手机号，这可以让手上有多种资源的商家更好地盈利。

（6）推广成本较低

相较于其他电商平台，拼多多提供了低成本的推广方式。店铺可以通过拼团、砍价等活动形式，与用户互动，向其促销产品。这些形式不仅能吸引用户参与，还能提高店铺的销量。

拼多多主打的是低价商品，只要商品价格有优势，商家在参加活动后即可快速出单，不需要投入太多推广及运营费用。

（7）对中小商家非常友好

拼多多的运营模式和平台流量分配机制对中小商家极其友好。

第一，商家管理界面和营销页面统一，有利于经营经验不够丰富的中小商家进行操作。

第二，广告推广方式和流程非常简单，大大节省了中小商家的时间和精力，同时也节省了雇佣代运营人员的成本。

第三，在最核心的流量分配方面，拼多多的流量分配更加偏向中小商家。

第四，营销工具更容易上手。拼多多的营销工具有为小型C2C电商卖家提供的CPS模式的多多进宝，为中小型电商卖家提供的CPC模式的多多搜索和以场景推广为主的多多场景，简单、易懂，中小商家更容易上手。

（8）社交属性强

拼多多具有社交属性。拼多多团购模式的特点是“多人拼团”，即用户通过分享拼团活动，邀请自己的朋友一起购买。拼多多商家可以通过用户分享商品、评价等方式增加店铺曝光度，提高口碑，增强品牌影响力。这种裂变效应能够快速扩大店铺的触达范围，增加潜在买家的数量。

具有社交属性是拼多多与其他电商平台最大的区别。拼多多商家应该充分利用这一特点，多与用户互动，增加店铺的曝光度。比如，可通过线上活动、社交媒体运营等方式增加与用户的互动，提高用户的黏性和忠诚度。同时，社交营销的推广模式也能为拼多多商家大大降低推广成本。

2. 新手商家如何做店铺定位

定位理论由美国著名营销专家艾·里斯与杰克·特劳特于20世纪70年代提出。

定位理论的核心原理是“第一法则”，即企业必须在顾客心智中区别于竞争对手，成为某领域的第一，以此引领企业经营，赢得更好发展。

定位的目的是抢占目标顾客的心智。根据“切割营销”的理念，定位要“站在竞争的角度，对复杂的市场进行切割，找到一个让用户认同并接受我们的领域，规避与强大竞争对手的竞争，同时将竞争对手逼向一侧”。

艾·里斯与杰克·特劳特花了20多年，研究出了定位的“四步法”，具体步骤如下：

第一步：分析外部环境。

分析整个外部环境，明确“我们的竞争对手是谁，竞争对手的价值是什么”。

第二步：确定品牌的优势位置——定位。

避开竞争对手在顾客心智中的强势领域，或利用其强势领域中隐含的弱点，确定自身品牌的优势位置——定位。

第三步：打造信任状。

为上述定位寻求一个可靠的证明，即信任状。

第四步：将定位植入顾客的心智。

将这一定位整合进企业运营推广的方方面面，特别是在传播上要有足够多的资源，以将该定位植入顾客的心智。

拼多多平台商品类目众多，商家更有近千万之众。新手商家如何才能在激烈的竞争中找到自己的位置？这就需要做好店铺定位。

（1）目标市场与用户定位

首先要确定目标市场，考虑面向哪个年龄段、哪个收入层次的用户。例如，是面向年轻人、上班族、家庭用户还是母婴群体等。同时，还要考虑目标市场的喜好和需求，以便更好地满足他们的需求。

目标用户定位是指确定店铺的主要消费群体，分析他们的年龄、性别、收入、喜好、需求等特征。目标用户定位可以帮助店铺更好地选品、定价格、营销和服务用户，以满足用户的期望和需求。

进行目标市场与用户定位，首先要了解拼多多平台的总体用户画像（见图1–1）。

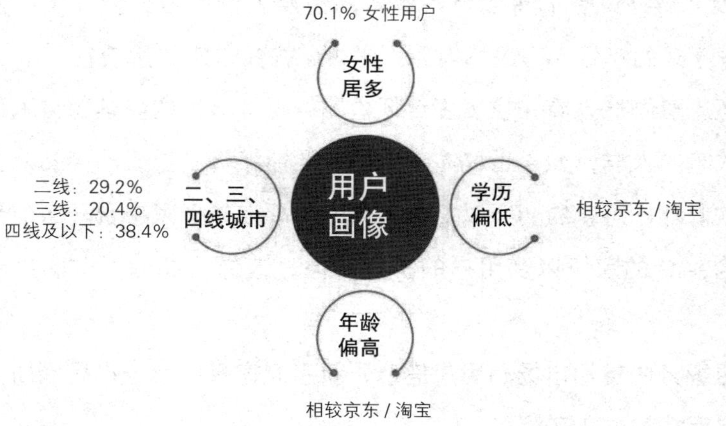

图 1–1　拼多多的用户画像

结合图1–1，拼多多用户总体呈现以下特征：

第一，性别及年龄。

从拼多多平台整体客群的性别看，男性用户占比为29.9%，女性用户占比为70.1%。女性用户大多是已婚主妇，年龄在30岁以上，她们对价格的敏感度较高。

第二，地域特征。

拼多多用户主要集中在二线、三线、四线及以下城市和农村市场，与京东、淘宝相比，拼多多的一线城市用户比例较小，更受下沉市场用户欢迎。

第三，消费习惯。

拼多多用户的消费习惯比较特殊，更加注重价格和性价比，而不是品牌和质量。在拼多多，一些价格低廉、质量尚可的商品往往更受欢迎。

第四，社交属性。

拼多多具有一定的社交属性，用户可以通过分享商品链接、邀请好友等方式来获取更多的优惠。拼多多的用户喜欢参加各种活动，比如拼团、砍价等，这些活动可以让他们感受到一种团队合作的快乐。

根据以上特征，我们可以将拼多多的使用人群大致分为几类：家庭主妇、刚工作不久的年轻人、退休老人、学生、被拉进来的用户。

从这些人群画像来看，拼多多走低价路线是有原因的。这部分人群主要是对价格敏感的人群，如学生群体，他们只要能够淘到便宜的商品，多花时间去分享砍价都是可以的。所以，如果商家想要在拼多多平台开店、起店，就需要结合平台的定位以及用户的基本画像，选择这部分人群感兴趣的商品。

对于更细分的目标市场和用户信息，新手商家可以通过市场调研、数据分析和用户反馈等方式来获取。

（2）经营类目及产品定位

在拼多多平台开店的流程非常简单，但是开店之后，卖什么产品是让诸多新手商家头疼的难题。如何做好产品定位？选择一个适合的类目至关重要。通过了解市场的趋势和用户的需求，我们可以选择一些热销的类目，如家居用品、服饰箱包、食品保健、数码家电、家纺家具、美妆个护、户外用品等。同时，要结合个人的资源情况。

在进行经营类目及产品定位时，可借助以下两款第三方数据运营工具。

第一，多多情报通。

多多情报通是拼多多商家的生意参谋和数据分析工具，它不仅可提供行业大盘数据、类目数据、店铺活动数据、各种榜单数据（见图1–2）等数据，还可提供拼多多竞品店铺分析、爆款商品推荐、SKU（Stock Keeping Unit，最小库存单位）分析、关键词推荐、直通车诊断等服务。同时，多多情报通能够帮助商家运营优化店铺，实现店铺流量、销售数据增长。

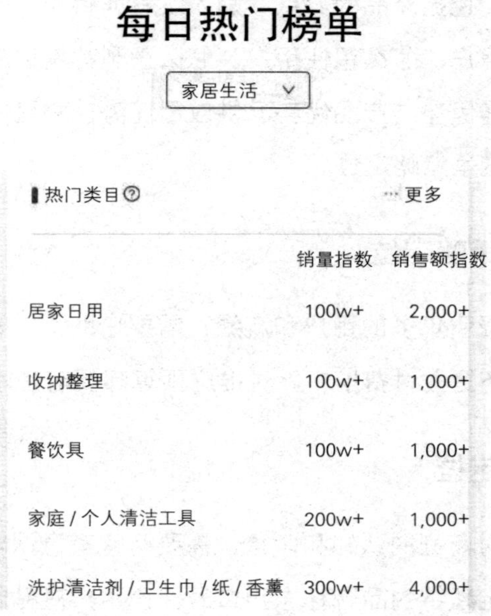
每日热门榜单

家居生活

热门类目 ··· 更多

	销量指数	销售额指数
居家日用	100w+	2,000+
收纳整理	100w+	1,000+
餐饮具	100w+	1,000+
家庭 / 个人清洁工具	200w+	1,000+
洗护清洁剂 / 卫生巾 / 纸 / 香薰	300w+	4,000+

图 1–2　多多情报通每日热门榜单

第二，选品方舟。

选品方舟主要针对拼多多企业店铺，具备行业分析、品牌分析、店铺分析、商品分析、营销分析、大客户定制六大核心功能，不仅可以为企业店铺提供最长18个月的数据，还可以根据企业店铺的需求提供数据导出服务。

（3）价格定位

价格定位是开店非常关键的一环，需要根据目标市场和产品的特点来制定合理的价格策略。新手商家可以参考市场行情、竞争对手的定价、产品成本以及后期的促销活动等情况来制定价格。同时，需要根据用户的反馈，及时调整价格策略和价格定位。

（4）竞争策略定位

如何在众多的拼多多店铺中脱颖而出，让人眼前一亮？要做到知己知彼，通过和竞争对手对比，得出自己的竞争力优势。同时，需要将竞争力优势细化到产品上，挖掘产品的卖点，别人没有的特质你有，那就是你的核心优势。怎么吸引用户、怎么留住用户、怎么盈利都看你有什么核心优势。核心优势可以是价格优势、产品优势、供应链优势、物流优势、服务优势和品牌优势。要做好竞争策略定位。

（5）推广策略定位

如何让店铺吸引更多的用户和流量？需要借助推广策略。无论是做免费的搜索引擎优化还是做付费推广，对推广预算都要有基本的考量。

（6）品牌定位

品牌是用户对商家的认知和印象，需要商家有意识地进行培育和塑造。新手商家可以设定独特的品牌标志和口号，让用户对品牌有更深刻的认识和记忆。同时，需要不断加强品牌营销和维护工作，提高店铺的知名度和美誉度。

3. 拼多多个人店铺的开店流程

拼多多的店铺可以分为两大类（个人店铺、企业店铺）或六小类（见表1–1）。

表1–1 拼多多店铺类型

个人店铺	企业店铺
个人商户店铺：需提供身份证信息	旗舰店铺：一级独占授权，商标权利人A可开的店铺类型
	专卖店铺：二级以内授权，从商标权利人A手上取得授权的B可开店铺类型
个体工商户店铺：需提供身份证信息和个体工商户营业执照	专营店铺：四级以内授权，从B手上取得授权的C可开店铺类型
	普通企业店铺：尚未注册自有商标也没有授权品牌

（1）个人店铺的入驻资质要求

商家在拼多多开设店铺，应当具备法律法规规定的以及平台要求的资质，包括但不限于主体资质、品牌资质、行业资质等。个人店铺入驻拼多多的资质要求如表1–2所示。

表1–2 个人店铺的入驻资质要求

类型	主体资质	详情描述
个人商户店铺	①身份证人像面照片。 ②身份证国徽面照片	①必须是中国内地身份证。 ②距离有效期截止时间应大于1个月。 ③证件照片清晰，照片上传不要倒置
个体工商户店铺	①身份证人像面照片。 ②身份证国徽面照片。 ③个体工商户营业执照	身份证要求同个人商户店铺的主体资质要求一致，个体工商户营业执照要求如下： ①个体工商户营业执照需要上传原件照片。 ②属于入驻主体的个体工商户营业执照。 ③公司类型为个体工商户性质。 ④距离有效期截止时间应大于1个月。 ⑤证件照片清晰

（2）个人店铺的入驻路径和流程

个人店铺可通过以下三种路径进行开通：

第一，拼多多App入驻。

入驻流程：依次打开App首页—“个人中心”—“设置”—“招聘/免费入驻拼多多”—“商家免费入驻”—“账号设置”（绑定手机号并设置密码）—“实名认证”（上传身份证照片并进行人脸验证）—“填写店铺名称”，然后提交审核即可。

第二，拼多多商家版App入驻。

首先，在手机上下载并安装拼多多商家版App，在App首页界面点击“0元开店”（见图1-3）。

然后进入“0元开店”页面，输入手机号码并验证，点击“立即开店”，按提示进行操作即可。

第三，电脑端入驻。

在电脑端打开拼多多官方网站，点击网页顶部导航栏的“拼多多商家入驻”，选择店铺类型，根据页面提示正确填写相应的入驻信息、上传相关资质文件，提交审核即可。个人店铺的审核周期一般为2个工作日。在实际操作中，拼多多的开店审核一般都是秒过，非常快捷高效。

图 1-3　拼多多商家版 App 商家入驻界面

4. 拼多多企业店铺的开店流程

拼多多企业店铺有两种入驻类型：普通入驻和一般贸易入驻（见表1–3）。

表1–3 企业店铺入驻类型

项目	类型	
	普通入驻	一般贸易入驻
销售商品类型	普通商品、进口商品	仅进口商品
全球购标识	无	有
不交纳保证金是否可发布商品	是	否

（1）企业店铺的入驻资质要求

以普通入驻为例，企业店铺的入驻资质要求如表1–4所示。

表1–4 企业店铺的入驻资质要求

<table>
<tr><th rowspan="3">类型</th><th colspan="4">资质</th></tr>
<tr><th colspan="2">主体资质</th><th colspan="2">品牌资质</th></tr>
<tr><th>资质要求</th><th>详情描述</th><th>资质要求</th><th>详情描述</th></tr>
<tr><td rowspan="2">普通企业店铺</td><td>①管理人身份证人像面照片。
②管理人身份证国徽面照片</td><td>①必须是中国内地身份证。
②距离有效期截止时间应大于1个月。
③证件照片清晰，照片上传不要倒置</td><td rowspan="2">无</td><td rowspan="2">无</td></tr>
<tr><td>①法人身份证人像面照片。
②法人身份证国徽面照片</td><td>①内地身份证件、港澳台以及海外身份证件皆可。
②身份证件非原件需加盖开店公司的鲜章。
③距离有效期截止时间应大于1个月。
④证件照片清晰，照片上传不要倒置</td></tr>
</table>

续表

类型	资质			
	主体资质		品牌资质	
	资质要求	详情描述	资质要求	详情描述
普通企业店铺	企业三证（即企业营业执照、税务登记证和组织机构代码证）	①确保申请入驻的企业不在“经营异常名录”中且所销售的商品在其经营范围内。 ②复印件或扫描件需要加盖公司鲜章。 ③距离有效期截止时间应大于1个月。 ④证件照片清晰，照片上传不要倒置	无	无
旗舰店铺	①管理人身份证人像面照片。 ②管理人身份证国徽面照片	①必须是中国内地身份证。 ②距离有效期截止时间应大于1个月。 ③证件照片清晰，照片上传不要倒置	商标注册证	①已经注册的商标（R状态）或正在受理注册的商标（TM状态，注册申请时间必须满6个月）。 ②距离有效期截止时间要大于1个月。 ③证件照片清晰，照片上传不要倒置
	①法人身份证人像面照片。 ②法人身份证国徽面照片	①内地身份证件、港澳台以及海外身份证件皆可。 ②距离有效期截止时间应大于1个月。 ③证件照片清晰，照片上传不要倒置		
	企业三证	①确保申请入驻的企业不在“经营异常名录”中且所销售的商品在其经营范围内。 ②距离有效期截止时间应大于1个月。 ③证件照片清晰，照片上传不要倒置	一级独占授权书	①若商标注册证或受理书上的注册人/申请人不是入驻主体，则需要提供一级独占授权书。 ②若商标注册证或受理书上的注册人/申请人是入驻主体，则不需要提供一级独占授权书

续表

<table>
<tr><th rowspan="3">类型</th><th colspan="4">资质</th></tr>
<tr><th colspan="2">主体资质</th><th colspan="2">品牌资质</th></tr>
<tr><th>资质要求</th><th>详情描述</th><th>资质要求</th><th>详情描述</th></tr>
<tr><td rowspan="3">专卖店铺</td><td>①管理人身份证人像面照片。
②管理人身份证国徽面照片</td><td>①必须是中国内地身份证。
②距离有效期截止时间应大于1个月。
③证件照片清晰，照片上传不要倒置</td><td rowspan="2">商标注册证</td><td rowspan="2">①已经注册的商标（R状态）或正在受理注册的商标（TM状态，注册申请时间必须满6个月）。
②距离有效期截止时间要大于1个月。
③证件照片清晰，照片上传不要倒置</td></tr>
<tr><td>①法人身份证人像面照片。
②法人身份证国徽面照片</td><td>①内地身份证件、港澳台以及海外身份证件皆可。
②距离有效期截止时间应大于1个月。
③证件照片清晰，照片上传不要倒置</td></tr>
<tr><td>企业三证</td><td>①确保申请入驻的企业不在“经营异常名录”中且所销售的商品在其经营范围内。
②距离有效期截止时间应大于1个月。
③证件照片清晰，照片上传不要倒置</td><td>授权书</td><td>①若商标注册证或受理书上的注册人/申请人不是入驻主体，则需要提供授权书，且授权级别需在二级以内。
②若商标注册证或受理书上的注册人/申请人是入驻主体，则不需要提供授权书</td></tr>
<tr><td>专营店铺</td><td>①管理人身份证人像面照片。
②管理人身份证国徽面照片</td><td>①必须是中国内地身份证。
②距离有效期截止时间应大于1个月。
③证件照片清晰，照片上传不要倒置</td><td>商标注册证</td><td>①已经注册的商标（R状态）或正在受理注册的商标（TM状态，注册申请时间必须满6个月）。
②距离有效期截止时间要大于1个月。
③证件照片清晰，照片上传不要倒置</td></tr>
</table>

续表

类型	资质			
	主体资质		品牌资质	
	资质要求	详情描述	资质要求	详情描述
专营店铺	①法人身份证人像面照片。 ②法人身份证国徽面照片	①内地身份证件、港澳台以及海外身份证件皆可。 ②距离有效期截止时间应大于1个月。 ③证件照片清晰，照片上传不要倒置	商标注册证	①已经注册的商标（R状态）或正在受理注册的商标（TM状态，注册申请时间必须满6个月）。 ②距离有效期截止时间要大于1个月。 ③证件照片清晰，照片上传不要倒置
	企业三证	①确保申请入驻的企业不在“经营异常名录”中且所销售的商品在其经营范围内。 ②距离有效期截止时间应大于1个月。 ③证件照片清晰，照片上传不要倒置	授权书	①若商标注册证或受理书上的注册人/申请人不是入驻主体，则需要提供授权书，且授权级别需在四级以内。 ②若商标注册证或受理书上的注册人/申请人是入驻主体，则不需要提供授权书

（2）企业店铺的入驻路径和流程

在电脑端打开拼多多官方网站，选择网页顶部导航栏的“拼多多商家入驻”，选择入驻类型、店铺类型、主营类目，根据页面提示正确填写相应的入驻信息、上传相关资质文件，提交审核即可。普通企业店铺审核周期一般为2个工作日，旗舰店铺、专卖店铺、专营店铺审核周期一般为3个工作日（以实际审核为准）。

无论是否审核通过，拼多多平台方都会短信通知申请者。审核通过后即开店成功，商家可以登录拼多多商家后台或下载拼多多商家版App管理店铺，正式开启致富之旅。

（3）个人店铺如何升级为企业店铺

店铺升级是在不影响正常经营的前提下，将店铺的经营主体由个人变为企业（店铺类型可选旗舰店铺、专营店铺、专卖店铺、普通企业店铺），同时保留店铺的经营数据。

个人店铺升级为企业店铺后，可以有效提升店铺的权重和商品的转化率，并提高店铺的经营效率和增强店铺的品牌效应。

商家可以打开拼多多商家版App，依次点击“我的”—“店铺管理”—“店铺升级”，根据要求提交相应升级材料，将个人店铺升级为企业店铺，审核通过后即完成店铺升级。

5. 拼多多店铺如何交纳保证金

原则上，拼多多不会收取入驻商家的任何费用。不过，拼多多店铺需要交纳店铺保证金。店铺保证金是开店商家的一个承诺，也是对用户的一种保障，用来保证商家在拼多多平台提供优质商品和服务，就好比租房时需要交押金。

相较于其他电商平台，拼多多的店铺保证金有缓交的余地，商家在入驻及发布商品时，均不需要支付店铺保证金。但在足额交纳店铺保证金之前，店铺的经营活动会受到一定的限制。

（1）未交纳店铺保证金会受到限制

拼多多店铺保证金是拼多多平台保障用户利益的一种手段，也是商家和平台之间一种互惠互利的机制，保证商家合规经营、监督商家诚信经营，店铺保证金也保障了拼多多平台的长期健康发展。

从拼多多平台的角度看，是鼓励商家及时、足额交纳店铺保证金的。尽管拼多多平台为了降低经营门槛，允许不交纳店铺保证金的商家也可上传部分类目商品并获得订单（暂不适用于选择仅售卖完税一般贸易进口商品作为经营方式入驻的店铺），但拼多多平台为了保障用户权益，在商家未交纳店铺保证金的情况下，将会限制店铺的经营活动：

①无法新建推广计划。

②提现不能超过3次。

③店铺可用资金低于300元时，拼单订单总额不能超过2500元。

④拼单累计订单数不能超过100单。

⑤店铺违规次数不能超过2次。

⑥店铺违规订单不能超过10单。

⑦限制发布虚拟商品及其他需要额外保证金的商品。

如果店铺达到上述第③④⑤⑥条上限，平台会自动将商品全部下架，店铺禁止上新、禁止上架。

商家出于长远经营的考虑，最好尽快交纳店铺保证金。这样不仅能够立即解除上述7条经营限制，还能够提升店铺权重。

（2）店铺保证金标准

拼多多商家应当交纳1000元的基础店铺保证金。

店铺发布特定商品的，除交纳基础店铺保证金外，还应交纳特殊店铺保证金。详情见下一节的“店铺保证金使用规则”。

（3）店铺保证金调整规则

拼多多平台有权每月根据店铺上个自然月的成交金额，按照表1-5所列标准对基础店铺保证金进行调整。若店铺账户内的基础店铺保证金余额高于其上个自然月成交金额所对应的基础店铺保证金标准，则店铺保证金不予调整。

表1-5　基础店铺保证金调整规则

上个自然月成交金额x/元	保证金标准/元
$x>500000$	10000
$100000<x\leqslant500000$	5000
$50000<x\leqslant100000$	2000

另外，拼多多平台有权每月根据店铺上个自然月的成交金额，对一级分类“电动车/配件/交通工具”下二级分类“电动车零/配件”下三级分类“电动车电池”下的店铺，按照表1-6所列标准调整其特殊店铺保证金。商家应按照调整后的特殊店铺保证金标准及时补交差额部分。

表1-6　特殊店铺保证金调整规则

上个自然月成交金额x/元	保证金标准/元
x>1500000	100000
500000<x≤1500000	40000
x≤500000	20000

（4）店铺保证金退回

商家成功入驻拼多多平台后，平台会在商家后台提供电子版店铺保证金收据，商家可自行打印。

商家退出拼多多平台时，平台会将店铺保证金退还给商家。退回的店铺保证金提现一般会在2～4个工作日到账。

6. 店铺保证金使用规则

为了促使商家更优质地服务拼多多用户，拼多多修订了《拼多多保证金规则》，并于2023年8月25日进行公示，该规则已于2023年9月2日生效。

附：《拼多多保证金规则》全文

1.总则

1.1 为明确拼多多平台商家保证金的交存、调整、补交、赔付、扣划及退回等事宜，促进商家更好地服务拼多多用户，特制定本规则。

1.2 保证金，是指商家向平台交存的，用以保证其提供优质的商品和服务，以及严格按照平台协议及各项平台规则合规经营的资金，并在商家出现违规情形时用于向用户进行赔付、赔偿平台的损失或承担其他违约责任。

1.3 商家保证金的交存方式以商家后台相应页面提示为准，保证金交存、补交、赔付、退回等过程中所发生的银行手续费等第三方费用由商家自行承担。

1.4 商家应保证其用于交纳保证金的资金来源合法，且商家对该资金依法享有处分权；若商家保证金系由第三方代为支付的，商家应保证该第三方清楚知晓所支付款项的性质、用途等情况且同意代为支付，并保证平台不会受到任何第三方就商家保证金主张其享有任何权利或以任何理由要求返还。

1.5 对于商家交存的保证金，拼多多无须向商家支付任何利息等孳息。

2.商家保证金类型

2.1 店铺保证金，是指商家入驻拼多多平台开设店铺，按照本规则第3条规定交存的保证金。

2.2 活动保证金，是指店铺申请参加活动前按照本规则第4.2条及平台相关活动规则规定的标准交存的保证金。

2.3 预售增值服务保证金，是指店铺开通预售增值服务时按照本规则第5.1条及平台其他规则规定的标准交存的保证金。

2.4 特殊保证金，是指拼多多有权综合商家对平台协议及规则的遵守情况、履行情况以及售后、投诉、调查情况等因素自主决定对商家店铺资金采取限制提现措施以作为特殊保证金，用于对第三方进行赔付、赔偿平台损失或支付其他应由商家承担的款项或费用。

3.店铺保证金规则

3.1 店铺保证金交存。

3.1.1 店铺保证金交存方式以商家后台相应页面提示为准，商家交存足额的店铺保证金以前，其店铺将受到下列一项或多项限制：

（1）货款提现功能受限；

（2）商品发布、销售等店铺经营相关功能受限；

（3）无法使用“店铺营销”功能，参与营销活动、竞价活动；

（4）无法使用“店铺推广”功能，进行新建推广计划等操作；

（5）拼多多认为必要的其他限制。

3.1.2 商家应当交存1000元的基础店铺保证金。

3.1.3 店铺发布特定商品的，除交存基础店铺保证金外，还应交存特殊店铺保证金，具体如表1-7所示。

表1-7　特殊店铺保证金细则

一级分类	二级分类	三级分类	四级分类	特殊店铺保证金/元
二手数码	全部	全部	—	20000
居家日用	热水袋	电热水袋	—	20000
电动车/配件/交通工具	电动车零/配件	电动车电池	—	20000
	电动车整车	电动四轮车	—	20000
宠物/宠物食品及用品	狗狗	狗狗	—	5000
	猫咪	猫咪	—	5000

续表

一级分类	二级分类	三级分类	四级分类	特殊店铺保证金/元
鲜花园艺/绿植仿真/园林设备	生活鲜花	周期订阅鲜花	全部	10000
大家电	热水器	全部	—	20000
	厨房大电	油烟机	—	20000
		燃气灶	—	20000
		烟灶消套装	—	20000
		集成灶	—	20000
		嵌入式烤箱	—	20000
		嵌入式蒸箱	—	20000
		嵌入式微波炉	—	20000
		其他	—	10000
	其他	全部	—	10000
生活电器	电热水袋	电热水袋	—	20000
厨房电器	电压力锅	电压力锅	—	20000
个人护理保健	按摩器材	足浴器	—	20000
水产肉类/新鲜蔬果/熟食	海鲜/水产品/制品	生鲜提货券	大闸蟹提货券	50000
			海鲜礼盒卡券	50000
	其他	全部		8000
新车/二手车	全部	全部	—	100000
家装主材	厨房	厨房龙头	电热水龙头	20000
装修设计/施工/监理	全部	全部	全部	50000
医疗健康服务	除泛健康管理外	全部	—	50000
珠宝/钻石/翡翠/黄金	K金首饰	投资贵金属	—	49000
		其他	—	5000
	铂金	投资贵金属	—	49000
		其他	—	5000
	黄金首饰	投资贵金属	—	49000
		其他	—	5000
	天然钻石	全部	—	5000
手机	全部	全部	—	20000
电影/演出/体育赛事	全部	全部	—	40000

续表

<table>
<tr><th>一级分类</th><th>二级分类</th><th>三级分类</th><th>四级分类</th><th>特殊店铺保证金/元</th></tr>
<tr><td>个性定制/设计服务</td><td>全部</td><td>全部</td><td>—</td><td>40000</td></tr>
<tr><td>购物卡/礼品卡/代金券</td><td>全部</td><td>全部</td><td>全部</td><td>40000</td></tr>
<tr><td rowspan="6">教育培训</td><td>技能培训</td><td>除技能培训（线下）外</td><td>—</td><td>40000</td></tr>
<tr><td>教学服务</td><td>除口译服务外</td><td>—</td><td>40000</td></tr>
<tr><td>生活兴趣培训</td><td>除生活兴趣培训（线下）外</td><td>—</td><td>40000</td></tr>
<tr><td>学科辅导</td><td>除学科辅导（线下）外</td><td>—</td><td>40000</td></tr>
<tr><td>学历/职业资格考试</td><td>除学历教育培训（线下）、自学考试培训（线下）、其他学历/职业资格考试（线下）外</td><td>—</td><td>40000</td></tr>
<tr><td>语言培训</td><td>除语言培训（线下）外</td><td>—</td><td>40000</td></tr>
<tr><td>景点门票/周边游</td><td>全部</td><td>全部</td><td>—</td><td>8000</td></tr>
<tr><td>旅游路线/商品/服务</td><td>全部</td><td>全部</td><td>—</td><td>8000</td></tr>
<tr><td rowspan="3">生活缴费</td><td rowspan="2">加油卡</td><td>实体加油卡</td><td>—</td><td>990000</td></tr>
<tr><td>加油充值卡</td><td>—</td><td>90000</td></tr>
<tr><td>其他</td><td>全部</td><td>—</td><td>40000</td></tr>
<tr><td>影视/会员/腾讯QQ专区</td><td>全部</td><td>全部</td><td>—</td><td>40000</td></tr>
<tr><td>特价酒店/客栈/公寓旅馆</td><td>全部</td><td>全部</td><td>—</td><td>8000</td></tr>
<tr><td>网络服务/软件</td><td>全部</td><td>全部</td><td>—</td><td>40000</td></tr>
<tr><td>网上营业厅</td><td>全部</td><td>全部</td><td>—</td><td>40000</td></tr>
<tr><td>游戏服务/直播</td><td>全部</td><td>全部</td><td>—</td><td>40000</td></tr>
<tr><td colspan="5">说明：
1.商家在同一家店铺（以店铺ID为准）发布不同分类的商品时，只需按照金额最高的商品分类交纳特殊店铺保证金。例如：商家在同一家店铺同时发布“周期订阅鲜花”及“热水器”分类下的商品，则只需交纳20000元的特殊店铺保证金（针对“热水器”分类），无需针对“周期订阅鲜花”分类下的商品额外交纳10000元特殊店铺保证金。
2.平台其他规则对店铺保证金另有特殊规定的，从其规定</td></tr>
</table>

3.2 店铺保证金调整。

3.2.1 平台有权每月根据店铺上个自然月的成交金额，按照表1–8所列标准对基础店铺保证金进行调整。若店铺账户内的基础店铺保证金余额高于其上个自然月成交金额所对应的基础店铺保证金标准，则店铺保证金不予调整。

表1–8　基础店铺保证金调整规则

上个自然月成交金额x/元	保证金标准/元
$x>500000$	10000
$100000<x\leqslant 500000$	5000
$50000<x\leqslant 100000$	2000

3.2.2 平台有权每月根据店铺上个自然月的成交金额，对一级分类“电动车/配件/交通工具”下二级分类“电动车零/配件”下三级分类“电动车电池”下的店铺，按照表1–9所列标准调整其特殊店铺保证金。商家应按照调整后的特殊店铺保证金标准及时补交差额部分。

表1–9　特殊店铺保证金调整规则

上个自然月成交金额x/元	保证金标准/元
$x>1500000$	100000
$500000<x\leqslant 1500000$	40000
$x\leqslant 500000$	20000

3.3 店铺保证金扣划及赔付。

3.3.1 若商家经营期间发生违规情形的，平台有权根据平台协议及平台规则的规定扣划其部分或全部店铺保证金，用于对用户进行赔付、赔偿平台损失或支付其他应由商家承担的款项或费用。

3.3.2 若平台收到任何第三方对商家发起的投诉、举报成立的，平台有权扣划该商家的部分或全部店铺保证金，用于对第三方进行赔付、赔偿平台损失或支付其他应由商家承担的款项或费用。

3.3.3 若平台因商家自身原因受到任何第三方发起的投诉、举报、索赔、诉讼或仲裁等，而遭受任何损失或支出任何费用或款项的，平台有权扣划该商家的部分或全部店铺保证金，用于对第三方进行赔付、赔偿平台损失或支付其他应由商家承担的款项或费用。

3.4 店铺保证金补交。

3.4.1 平台根据3.2条规定调整商家店铺保证金或根据3.3条规定扣划商家店铺保证金，导致商家店铺保证金余额低于其应交存店铺保证金标准的，平台有权做出如下处理：

（1）要求商家在出现该等情况后3个自然日内补交足额的店铺保证金；

（2）自店铺账户货款或活动保证金余额中划转相应金额予以补足。

3.4.2 商家未在规定期限内补足店铺保证金，或者货款及活动保证金余额不足以补足店铺保证金的，平台有权终止协议，停止服务。

3.5 店铺保证金退回。

3.5.1 商家申请退店或平台关闭店铺的，平台可根据《拼多多退店规则》之规定，选择将店铺保证金余额退还至届时店铺提现账户或者按照原支付方式退回。

4.活动保证金规则

4.1 活动保证金档位。

4.1.1 商家可以根据自身经营需要选择交存不同档位的活动保证金，各档位活动保证金金额及其支持的活动类型、活动商品额度等以商家后台相应页面提示为准。

4.1.2 每一商品参加一场活动则占用一个活动商品额度，占用时限自平台锁定该活动商品额度时起，至该场活动结束满15日（即360小时）时止。

4.2 活动保证金交存。

4.2.1 商家应在申请参加活动前根据拟申请的活动、活动商品额度锁定情况等交存足额的活动保证金。

4.2.2 活动保证金充值方式以商家后台相应页面提示为准。

4.2.3 交存标准：

（1） 首次充值的商家按照所选档位支付相应金额；

（2） 非首次充值的商家因申请活动类型变化或拟增加活动商品额度需

要升档的，应支付升级后档位与当前活动保证金余额之间的差额。

4.2.4 商家活动保证金充值成功并提交活动申请后，平台会依照各活动规则对商家资质和活动商品进行审查，满足条件的商家即可参加活动。

4.3 活动保证金锁定。

4.3.1 商家充值活动保证金后，平台将视风控需要暂时锁定全部活动保证金至少15日（即360小时）。

4.3.2 商家提交活动申请后，平台有权锁定相应的活动商品额度，具体锁定方式以商家后台相应页面及平台不时发布的公告、通知为准。

4.3.3 商家可以在商家后台查看店铺账户内活动保证金余额、活动商品额度锁定情况以及预计解锁时间等。

4.3.4 活动保证金或任一活动商品额度处于锁定状态的，商家无法申请提现活动保证金。

4.4 活动保证金扣划及赔付。

4.4.1 若商家参加活动过程中出现违规情形的，平台除依据相应平台规则对店铺做出违规处理外，还有权视违规情节扣划其店铺部分或全部活动保证金，用以对消费者做出赔付、赔偿平台损失或支付其他应由商家承担费用或款项。若商家活动保证金不足以支付前述费用或款项的，平台有权自店铺保证金及/或货款余额中扣收相应的款项予以补足。

4.4.2 平台依据平台协议或平台规则规定扣划活动保证金，导致商家活动保证金余额低于店铺当前占用活动商品额度对应的档位金额的，平台有权根据活动保证金余额规定立即停止店铺部分或者全部在线活动，或者要求商家立即予以补足。

4.5 活动商品额度解锁及活动保证金提现。

4.5.1 解锁条件：商品所参与的活动结束满15天，且不存在延迟发货、虚假发货、售后问题、客服问题等违反平台各项协议及规则的情形，则该商品占用的活动商品额度将予以解锁。

4.5.2 申请提现：店铺所有活动商品额度均为解锁状态的情况下，商家可以在商家后台申请提现活动保证金。

4.5.3 退店提现：商家申请退店，经平台审核店铺符合退店条件，同时所有活动商品额度均已解锁的，活动保证金将在退店成功后返还商家。

5.预售增值服务保证金规则

5.1 预售增值服务保证金交存。

5.1.1 商家可以根据自身经营需要开通不同类型的预售增值服务，并按照如下标准交存预售增值服务保证金：

（1）商家开通“生鲜”预售增值服务的，应当交存预售增值服务保证金4000元；

（2）商家开通“模玩”预售增值服务的，应当交存预售增值服务保证金10000元；

（3）商家开通“文化用品”预售增值服务的，应当交存预售增值服务保证金1000元；

（4）商家开通不同类型的预售增值服务时，应分别交存对应预售增值服务保证金，具体以商家后台相应页面提示为准。

5.1.2 商家在预售过程中，平台有权根据商家店铺的预售商品销售及发货情况，提高其预售增值服务保证金标准，具体以商家后台相应页面提示为准。

5.1.3 预售增值服务保证金充值方式以商家后台相应页面提示为准。

5.2 预售增值服务保证金扣划及赔付。

5.2.1 若商家在预售过程中出现违规情形的，平台除依据相应平台规则对店铺做出违规处理外，还有权视违规情节扣划其店铺部分或全部预售增值服务保证金，用以对消费者作出赔付、赔偿平台损失或支付其他应由商家承担的费用或款项。若商家预售增值服务保证金不足以支付前述费用或款项的，平台有权自店铺保证金、活动保证金及/或货款余额中扣收相应的款项予以补足。

5.2.2 平台依据平台协议或平台规则规定扣划预售增值服务保证金，导致商家预售增值服务保证金余额低于其应交存的预售增值服务保证金标准的，平台有权立即关闭预售增值服务，或者要求商家立即予以补足。

5.3 预售增值服务保证金解锁及提现。

5.3.1 平台将结合预售商品订单数、履约情况等因素决定是否逐步解锁商家补充交存的预售增值服务保证金，具体以商家后台相应页面提示为准。补充交存的预售增值服务保证金解锁后，商家可自助提取。

5.3.2 商家关闭预售增值服务后，预售增值服务保证金将予以解锁，商家可自助提取。

6.特殊保证金

6.1 特殊保证金的交存。

6.1.1 若商家存在以下情形的，平台有权根据平台协议及平台规则的规定对商家采取资金限制措施（即特殊保证金），用于商家因其违规行为可能向消费者或任何第三方赔付的金额以及可能向平台支付的违约金、赔偿金或其他款项，具体限制金额、限制比例、限制期限等以拼多多通知或系统实际操作为准。

（1）商家违反平台协议或平台规则的情形，包括但不限于延迟发货、虚假发货、欺诈发货、缺货、销售假冒伪劣商品、销售商品描述不符或质量抽检不合格商品、存在履约风险等情形（统称“违规情形”）。

（2）平台收到任何第三方对商家发起的投诉、举报，或者因商家自身原因导致平台受到任何第三方发起的投诉、举报、索赔、诉讼或仲裁等情形。

6.2 特殊保证金的扣划及赔付。

6.2.1 若商家发生任一违规情形或拼多多收到任何第三方对商家发起的投诉、举报或拼多多因商家受到任何第三方发起的投诉、举报、索赔、诉讼或仲裁等，拼多多有权扣划商家的全部或部分特殊保证金作为违约金，同时亦有权将前述扣划的款项用于对第三方进行赔付、赔偿平台损失或支付其他应由商家承担的款项或费用。

6.3 特殊保证金的补交。

6.3.1 若限制提现的店铺资金不足赔付第6.1.1条规定情形的，平台有权自剩余店铺资金中限制相应金额予以补足，若无法补足的，平台有权终止平台协议并停止服务。

6.4 特殊保证金退回。

6.4.1 如拼多多在限制时未明确具体期限的，则商家理解并同意，特殊保证金限制提现的期限至少2年，且拼多多有权依据商家账户情况、交易行为、投诉情况、履约风险、违规行为处理情况等因素决定是否缩短及/或延长前述限制提现期限。在此期间，商家的资金账户将被限制提现，商家理解并接受拼多多的限制措施。

6.4.2 在相关违规情形或纠纷事项全部处理完毕后，将调整特殊保证金至本规则规定的正常标准。

7.附则

7.1 除相应条款另有规定外，本规则所称“日”“天”均指自然日，“月”均指自然月。

7.2 原《拼多多保证金规则》于2016年1月4日首次生效，原《拼多多活动保证金规则》于2017年7月6日首次生效。

7.3 本规则于2023年9月2日最新修订生效。

7.4 本规则生效以前店铺保证金及活动保证金的管理适用当时的规则，本规则生效以后店铺保证金及活动保证金适用本规则。

第二章

店铺装修：高转化率的视觉设计

要产生流量和转化率，店铺页面是其中一个不可忽视的要素。店铺页面的视觉效果如何以及商品分类是否清晰等，都会影响买家的停留时间以及店铺转化率。

店铺装修，即对店铺的页面进行美化，包括对店铺主页、logo、导航栏、商品轮播图（视频）、商品主图等的设计、制作与优化。

1. 店铺页面的视觉设计

要第一时间抓住消费者的眼球，给他们留下良好的第一印象，甚至让他们对店铺“一见钟情”，离不开一流的店铺形象。而店铺形象的塑造则源于漂亮独特、充满美感的视觉设计。

（1）为何要做店铺页面设计

得体的店铺页面设计不仅代表着店铺整体的定位和风格，还能吸引消费者的注意力并延长其停留时间。相对于卖相普通的店铺，页面设计精美的店铺能获得更多的流量、关注和更高的转化率。

第一，打造差异化的店铺形象。

特定的设计风格能帮助店铺形成某种特定的风格，进而打造差异化的店铺形象，有利于吸引喜欢该风格的消费群体。这样不仅可以提高店铺粉丝收藏量、转化率、复购率等私域流量，还可以提升店铺的可持续发展能力。

第二，增强买家的信任度。

一套精心设计的店铺页面能给用户留下良好的第一印象，而且精美的页面也是一种实力的象征，不仅能够展现出店铺认真经营的态度，还能够增强买家对店铺的信任度。

第三，为产品做背书。

良好的店铺形象是店铺商品最好的背书，能够给用户传递“商品卖相好、品质好”“绝对正品”“实力商家”等正向信息。

第四，减少顾客流失。

没有设计感或设计简单的店铺，难以在视觉上吸引顾客，使顾客在初次接触时就失去兴趣。

第五，提高成交率。

店铺页面设计可以自由搭建内容，将店铺在全站内的优惠商品集中设置在特定板块中，如可以将百亿补贴、限时秒杀、断码清仓、限时限量、领券中心商品，以及销量高、有优惠的商品放在显眼位置，并加入优惠券、满减专区增加商品曝光度，以刺激用户下单，提高商品的成交率。

（2）如何设计店铺页面

拼多多店铺页面的设计，主要包括以下内容：

第一，选择合适的店铺风格。

店铺风格决定了店铺的整体形象，商家应根据所售商品的特点选择相应的风格。比如，经营时尚服装的店铺可以选择时尚、年轻的风格，经营家居用品的店铺可以选择温馨、舒适的风格。

第二，取一个响亮的名字。

一个好听的名字对店铺的生意有着积极影响，是招揽生意的金字招牌。一个好听的名字，不但可以让你的店铺从“芸芸众店”中脱颖而出，不费吹灰之力吸引更多眼球，而且能让顾客过目不忘，是引起顾客好奇心并打响店铺品牌的关键。一个既有眼缘又动听的店铺名字，是打动顾客下决心购买商品的一个关键因素。如经营饰品的“可甜Studo”这个店铺名字，就很好地关联了它经营的产品和顾客群，而且店铺整体风格以简约的ins风为主，很受顾客欢迎。

在为店铺取名字时，有以下注意事项：

①店铺的名称不允许重复，已经被注册的名字是不可以使用的。

②如果没有经过品牌商或者生产商的授权，没有授权资料，店铺名称中不允许出现总代理、总经销、厂家认证、官方店铺、特约经销等内容和表述。

③个人店铺名称中不允许出现旗舰、直营、官方、专卖、专营、授权等内容和表述。

第三，设计店铺logo。

店铺logo是店铺的标志，可以体现品牌的形象。例如奔驰汽车的logo是“三叉星”、海尔的logo是卡通版的“海尔兄弟”，这些标志是企业的外在识别符号。店铺logo对于店铺的意义也是如此，它是店铺区别于其他竞争对手的显著标志。一个抢眼的、独特的logo设计，将会直接影响店铺名字的效果，好的logo能为你的店铺起到画龙点睛的作用。

常见的logo设计风格有极简、手绘、负空间、拼接、几何、线状、图案纹样、动态、复古、渐变、插图、摄影等风格。不同的logo能传达出不同的语言含义，所以在设计店铺logo时要做到与店铺风格相匹配。

第四，店铺简介。

店铺简介是向用户介绍店铺的重要方式，要简洁明了，突出店铺的特点和优势。

第五，选择背景图。

背景图是店铺页面的重要组成部分，位于店铺首屏，能给买家带来视觉冲击。选择一张与店铺风格相符的背景图，能增加店铺页面的美感和提高品牌形象。

第六，店铺导航设计。

为了方便买家浏览和选择商品，可以在店铺页面添加导航栏，将不同分类的商品分别展示。这样买家就可以快速找到想要购买的商品。

第七，编辑商品详情。

在拼多多开店需要提供商品详情，包括商品的图片、标题、文字描述等。在编辑商品详情时，要注重文字的排版和图片的清晰度，准确表达商品的特点和优势。

第八，促销活动板块。

拼多多支持卖家举办各种促销活动，如限时折扣、满减等。通过设置促销活动板块，可以吸引更多买家购买商品，提升店铺的销量。

第九，定期更新店铺内容。

定期更新店铺内容可以吸引用户关注，保持其对店铺的新鲜感。可以根据季节、节日等推出一些限时活动和促销活动，增强用户黏性和促进转化。

（3）拼多多店铺页面设计的四种方式

拼多多平台提供了四种店铺页面设计的方式（见表2-1），商家可根据自己的实际情况来选择。

表2-1 拼多多店铺页面设计的方式

设计方式	适用情况	特点
一键设计	适合没有设计师，也没有页面设计操作基础的商家，可以在拼多多商家版App后台操作，支持一键设计	①操作简单，一键即完成设计。 ②官方提供模板，且免费。 ③设计效果一般，页面简单
付费模板	适合没有设计师，但愿意付费且能熟练操作“设计编辑页”的商家，可在拼多多商家版电脑端后台操作	①海量模板供选择。 ②费用较低，每月仅需10元。 ③操作简单，效果好于一键设计
自主设计	适合有设计师，且有能力进行店铺日常设计维护的商家	有助于打造差异化的店铺，增强用户的信任感和黏性
上传PSD文件	适合有设计师且可以将店铺设计稿规范上传的商家	①在自主设计的基础上，进一步提升店铺形象和商品展示效果。 ②商品能做到千人千面，更具针对性。 ③商品价格、销量可实时展示，更加直观

2. 店铺基础信息的设置

拼多多新店铺注册完成后，店铺页面设计的第一步是完成店铺基础信息的设置。

（1）地址设置

设置售后电话和地址，能够有效减少售后损失。

试想，当用户要求退货退款时，如果商家退货地址不全，平台客服会介入让商家在24小时内补充，超时平台将提供店铺的默认退货地址。若默认地址不符合退货条件，将办理仅退款。

地址设置需要详细。如果是退货地址错误导致收不到买家退回的商品，风险将由商家自行承担。设置正确的售后地址，可以减少不必要的损失。

地址设置可通过以下两种途径：

第一，拼多多商家版App。具体操作为打开App—“我的”—“店铺管理”—“地址管理”（见图2-1）。

第二，电脑端拼多多商家后台。具体操作为“售后工作台”—“发货管理”—“物流工具”（见图2-2）—“地址管理”—“退货地址”，其中手机号为必填项，座机号为选填项。

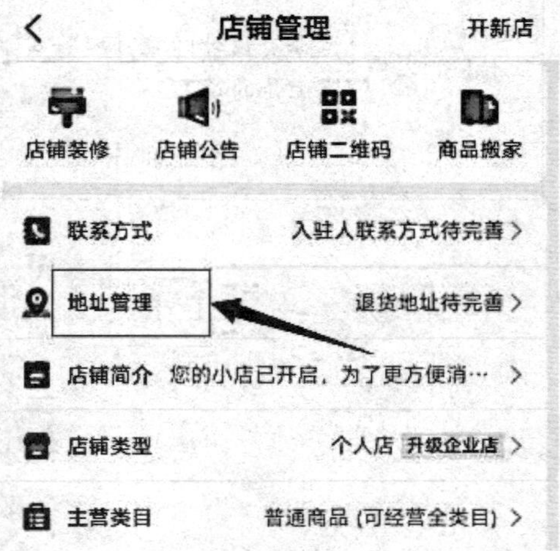

图 2-1 拼多多商家版App“地址管理”模块

（2）运费模板设置

运费模板主要是为一批商品设置同样的运费。当商家修改配送地区和运费时，这些关联商品的运费将一起被修改，运费模板仅支持部分地区设置运费。

运费模板设置需要在电脑端拼多多商家后台进行，具体操作为“售后工作台”—“发货管理”—“物流工具”—“运费模板”，然后点击“新建运费模板”按钮进行创建。

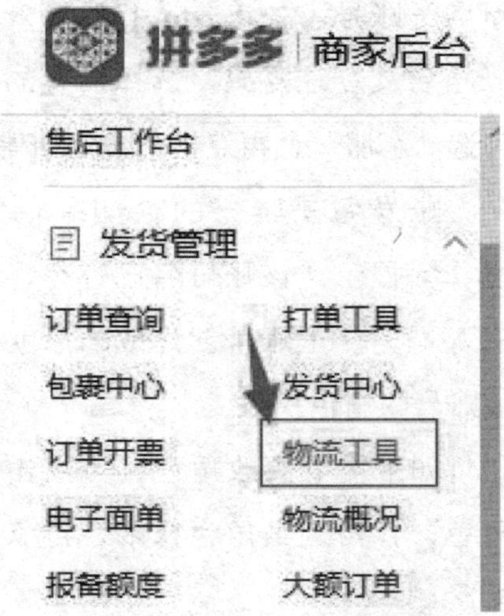

图 2-2　电脑端拼多多商家后台“物流工具”模块

运费模板设置分为三个部分：商家包邮配送区域、需要买家付邮费区域和不配送区域。商家可以根据具体情况进行设置。

设置了不配送区域后，当地的买家将极有可能无法搜索和查看该运费模板绑定的商品或者无法购买该运费模板绑定的商品。

（3）子账号设置

子账号是由主账号创建的，为了更好地分角色分模块地进行店铺管理的账号。子账号角色主要分为管理员、运营、客服管理员、客服和物流客服。

在运营店铺过程中，运营、客服等人员因工作需要登录拼多多商家后台。因此，商家可以使用主账号建立不同角色的子账号，为不同角色账号设置不同权限，更便于开展店铺工作。

子账号的角色可以在拼多多商家后台中查看，电脑端拼多多商家后台设置、查看路径为“商家后台”—“店铺管理”—“子账号管理”（见图2-3）—“角色管理”。

例如，创建客服子账号：找到“子账号管理”，在右上角红色按钮“+

新增子账号”处点击；然后输入客服的账号名及登录密码，选择拥有的权限，勾选“客服”，再点击“确认创建”。

账号名是唯一的，如果已经被用过，会提示“该账号名已存在，请重新输入！”。子账号创建成功后就显示出该账号的角色权限。

如果需要更改角色，可点击“配置角色”，勾选其角色权限，再点击确认配置。

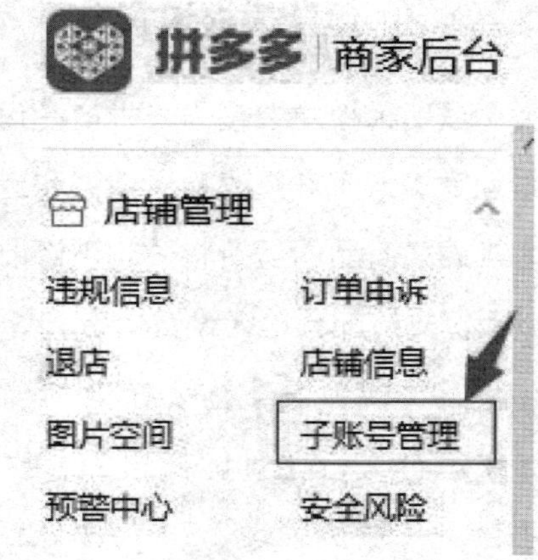

图 2-3　电脑端拼多多商家后台“子账号管理”模块

如果需要修改密码，可点击“修改密码”，输入两次新密码，点击确认修改。

（4）客服分流设置

在商家进行客服分流设置后，当有多个客服账号同时存在时，咨询买家将按照分流规则分配给对应客服。

客服分流设置路径：

第一，进入电脑端拼多多商家后台，点击左侧的导航栏目“多多客服”下的“消息设置”，进入页面分流主页。

第二，在页面的顶部我们可以看到非常详细的客服分流规则，可以详细阅读。

第三，四个页面初始默认都是未设置分流的，点击修改后，可以选择客服进行页面分流，也可以通过选择客服角色和输入客服账号名的方法来搜索客服。

第四，点击确认就完成了一个页面分流设置，可以进入下一个设置。

如果客服是轮休值班制的话，还需要设置客服离线分流。只有角色为管理员和客服管理员的账号才可以进行离线分流设置。

经过客服离线分流设置后，当某个用户咨询最近联系过的客服时，消息将分配给该客服；若该客服不在线，消息将随机分配给其他在线客服。当该用户没有最近联系过的客服时，消息将按照页面分流规则分配给对应客服；若该页面分流客服均不在线，消息将随机分配给其他在线客服。当没有客服在线时，消息将按照客服离线分流规则分配给对应客服。

3. 制作首页商品轮播图

首页商品轮播图可以帮助商家更好地展示商品（见图2–4）。目前，每家店铺最多可以创建3组轮播图，每组轮播图最多可以有4张图片。

首页商品轮播图不是必选项，商家可以选择是否设置，且图片数量也可以根据店铺推广需求自主选择，比如4张、3张、2张图均可，只要不超过限定数量即可。

图 2–4　安踏儿童官方奥莱店首页商品轮播图

（1）首页商品轮播图的用途

店铺的首页商品轮播图主要用来推广本店的热门商品或活动商品，比如当季新款产品、爆款产品、促销产品等。这些是店铺具有核心竞争力的商品，通常位于店铺首页第二屏，访客很容易看到，点击轮播图可以跳转到商品详情页或者专题首页。首页商品轮播图可以有效提高商品的曝光率，进而提高商品的转化率，提高店铺收益。

（2）首页商品轮播图设计制作的要点

首页商品轮播图占据了店铺首页最重要的位置。如果首页商品轮播图制作得好，卖点突出，就能大大提高商品的成交率；如果首页商品轮播图设计平平，用户看了毫无反应，那就是极大的资源浪费。

首页商品轮播图设计制作的要点如下：

第一，突出卖点。

所谓“卖点”，简单来说，就是一个让用户接受的消费理由。最佳卖点就是最强有力的消费理由。

商品的卖点可以是品牌、功效、品质、产地、包装、性价比等。每个商品的卖点可能有很多，但商家在传达销售主张时必须强有力地聚焦核心卖点，以此来打动用户下单购买。

任何一款产品都会有非常多的卖点，比如美妆产品可能有祛斑、美白、除皱、淡化细纹的功效，但在宣传时切忌详细讲解每个卖点。首先是时间不允许，再者无法突出其核心卖点。如果不能让用户产生眼前一亮的感觉，也就不能让用户产生强烈的购买欲望。

因此，在设计首页商品轮播图时，要注意聚焦商品的核心卖点，比如赠品、售后、促销活动力度等。通常，一张首页轮播图把一个卖点表达到位就足够了。例如，INTO YOU美妆专卖店这张首页商品轮播图（见图2–5），就突出了一个核心卖点——折扣信息。

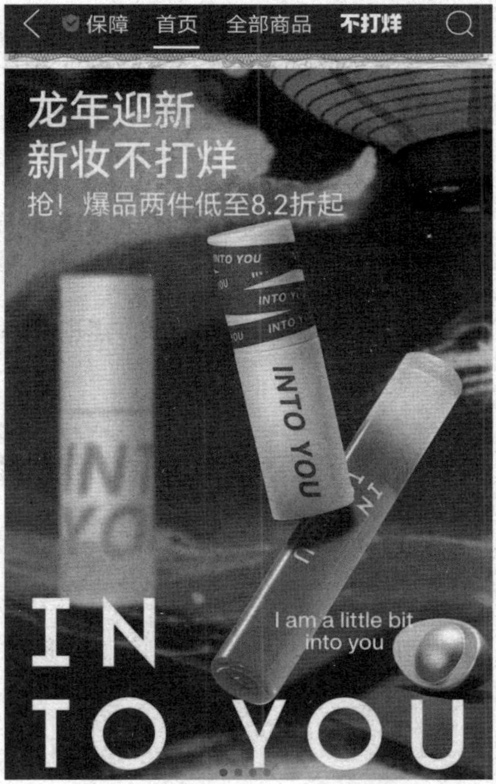

图 2–5　INTO YOU 美妆专卖店首页商品轮播图

第二，首页商品轮播图设计要与店铺基础风格保持一致。

风格一致，视觉效果才会更协调、统一，不突兀，才能实现良好的转化效果。店铺美工不仅要具备设计基本功，还要对店铺风格、商品详请以及用户的需求、痛点具备充分的认识，这样做出来的首页商品轮播图才能打动用户。

第三，第一张图片最重要。

首页商品轮播图的第一张图片尤其重要，决定着用户是否有兴趣继续浏览下去。所以第一张图片一定要下最大的功夫，确保能够吸引流量。

（3）首页商品轮播图的设置

首页商品轮播图的具体设置步骤如下：

第一，准备好相应的商品图片并保存至电脑，在商家后台电脑端打开装修页面，在装修页面图片模板中找到首页商品轮播图组件，拖拽至中间画布区，选中组件，进行编辑。

第二，点击上传图片，进入图片空间，点击“本地上传”，上传本地图片。

第三，本地图片上传成功后，点击“关闭”，图片将出现在图片空间。

第四，点击上传的图片，若图片尺寸不符合要求，将弹出裁剪页面提示。

第五，尺寸符合要求或者裁剪完成后，选中要上传的图片，点击“确定”。

第六，图片添加完成后，点击“添加链接”可添加需要放置的商品或者专题页面。

（4）首页商品轮播图制作禁区

首页商品轮播图选用的图片应合规、美观，否则不仅会影响商品的点击率，还会严重影响店铺后续报活动、上资源位等，甚至会导致商品或店铺受限制等后果。因此，在制作首页商品轮播图时，要注意规避以下禁区（见表2-2）。

表2-2　首页商品轮播图制作禁区

类别	详情
低俗恶心图	图片中使用容易引起用户不适的内容，如病变人体器官、痘疮、黑头、坏牙等
不当营销	商品未参加平台官方活动或未使用平台营销工具，但在图片中宣传限量限时等虚假营销信息，如即将恢复原价、限购一个、限今天、今天半价、抢完涨价等
诱导点击	商品图片中出现点击后无法实现其功能的虚假按钮，如播放键、直播键、角标等诱导点击的图标
侵犯肖像权	使用丑化或恶搞他人形象的图片
虚假宣传	在图片中标注与商品无关的虚假文字、人物等信息，骗取用户的信任、同情，如老中医、国家机关人员，使用夸张的前后效果对比图等
诱导非官方交易	商品图片中出现二维码、手机号码、QQ、微信号、抖音号等诱导非官方交易的信息
粗制滥造	首页商品轮播图排序随意、前后轮播图没有差异、轮播图上传不完整等

4. 主图设计的思路

做电商生意的朋友都知道下面这个公式：

流量=展现量×点击率。

当我们把商品的权重、排名、关键词展现都做好的时候，点击率就会成为店铺流量飙升的关键要素。

如何才能有效提高店铺商品的点击率？

答案是一张行之有效的商品主图！在电商平台上卖货，本质是先卖图片，图片代表着商品的外部形象。在网络购物环境中，用户对商品的最初印象主要是通过商品主图产生的。主图做得好，会直接提高商品的点击率，进而提升店铺的流量与销售额。

在店铺运营中，主图是商品最重要的展示窗口，主图好不好，从商品的点击率就可以反映出来，主图是影响商品点击率的第一要素。

高点击率不仅能带来高转化率和高成交率，也有助于提升店铺的自然流量和权重。

因此，主图设计的核心出发点便是尽可能地提高点击率。

（1）拼多多对主图的基本要求

拼多多对主图的基本要求如下：

第一，主图的宽、高均需大于480 px。

第二，主图的格式仅支持JPG、PNG格式。

第三，主图的大小在1 MB以内。

因此，在设计主图之前，应注意将画布大小调整成符合拼多多要求的尺寸。

（2）主图设计的基本要求

主图设计的基本要求如下：

第一，充分了解商品信息。

设计好主图的前提是对所售商品各项信息有一个全面而深入的了解。设计主图并不是将商品放上去就可以了，商品能否在众多的同类竞品中脱颖而出，就要看主图能否表现出商品的特点及卖点。只有对商品的特色烂熟于心，才能做出直击用户痛点和需求的主图。

第二，了解目标用户的需求。

在设计商品主图之前，设计人员应充分了解拼多多平台的用户画像、本店铺的用户画像乃至本产品潜在用户的特征，了解他们的兴趣爱好、消费水平，这样才能做出符合目标消费人群偏好的图片。不要试图用一张图片把所有的人群都覆盖，这很容易变成四不像，最后的结果是谁都看不上。

了解目标用户群的目的是找出他们的真实需求。用户的需求往往隐藏在关键词中，而很多商家在做主图的时候，只想着自己要表达的内容，却忽略了用户在搜索关键词时真正想看到的东西，最终导致主图点击率不高。

比如用户现在搜索“加绒牛仔裤”，那么下方哪张主图（见图2-6）更吸引人呢?

显而易见，左边的商品主图更具说服力。因为用户搜索的是“加绒牛仔裤”，只有左边的主图展示了加绒；另一张只是简单地展示了商品的款式，虽然主图上添加了醒目的“加绒”二字，但不如左图直观。

图 2-6　拼多多商品“加绒牛仔裤”主图对比

第三，突出核心卖点。

主图设计一定要突出商品的核心卖点，第一时间让用户在主图上捕捉到有关核心卖点的信息。如图2-7所示，商品主图凸显的核心卖点就是商品的正品保证，“跨境原装”“假一赔十”等信息是对该卖点的进一步强化。

无法突出核心卖点的主图文案，都是自嗨式文案，无法带来实际的点击率。

怎么去找商品的核心卖点呢？除了研究商品本身外，还可以研究同行的商品，把搜索关键词结果页前50名的商品主图整理出来，然后秉持“人无我有，人有我精”的原则，将自己商品的核心卖点放到主图里。

图 2-7　拼多多商品主图

第四，凸显差异化。

所谓品牌，所谓战略，就是差异化，就是与众不同。

差异化竞争是一种战略定位，即企业设置自己的商品、服务和品牌以区别于竞争对手。

我们知道，在市场中，要全面超越竞争对手是很难的，但要做到和竞争对手不一样则相对容易。不一样意味着差异化，意味着竞争优势。

主图设计要做到差异化。差异化的主图设计能让人眼前一亮，抓住用户眼球。如果主图设计没有差异化，就很难让用户最先看到自己店铺的商品。

主图设计的差异化可以表现在背景颜色、视觉角度、细节大小、场景、配色、结构等方面。

第五，做好配色。

拼多多商品主图的配色比例最好是70%的主色、25%的辅色、5%的点缀色。主色会影响整个页面的格调，建议画面配色不超过三种。拼多多商品主图的配色可以采用相邻配色、间隔配色以及互补配色。

①相邻配色："蓝+紫、紫+红、红+橙、黄+绿、绿+蓝"等，相邻配色协调柔和，可营造出一种温馨的感觉，比较适合用于家居用品、棉织品、小清新服装、中国风商品等商品，给人以宁静、柔和之感。

②间隔配色："黄+蓝、红+黄、绿+紫、蓝+红"等，间隔配色的视觉冲击力会强于相邻配色，更活泼、对比鲜明。其中红、黄、蓝三原色的搭配使用更广泛，促销感明显。暖色比冷色更容易吸引眼球，需要把握好重点信息展示的层次。

③互补配色："红+绿、橙+蓝、黄+紫"等，互补配色可表现出力量、气势与活力，具有强烈的视觉冲击力。因为两色之间对抗激烈，所以要选出主色调，控制好画面的色彩比例。可降低其中一色的明度/饱和度，或加入黑/白作为调和色，缓冲互补配色的对抗性。

第六，主图要完整、美观。

主图除了要符合平台规定的尺寸，让商品更清晰地展示出来外，还需要注意完整性和美观性。完整性是指主图要将商品完整地展示出来；美观性则是指主图是一张别致的、有个性的、识别度高的图片。

为保证主图的完整性和美观性，尽量不要拼接图片和加入太多文字，否则会拉低商品档次。大部分用户更愿意购买高档次的商品，而非低档次的商品。

5. 商品详情页的设计

商品详情页是详细介绍单个商品材质、款式、功能等内容的页面，也是对用户进行销售说服的落地页。

商品详情页包含的信息通常包括轮播图、轮播视频、标题、价格、服务承诺、评论、店铺评分、商品属性和商品描述等。

商品详情页的图片、文字、视频相当于商品的简历，是用户行为由浏览转化为购买的一个重要区域，也是展示商品细节、品牌魅力进而赢得老用户的一个重要途径。

很多商品上架后，往往会出现这样的情况：主图点击数据非常好，但是用户进入商品详情页后的跳出率非常高，转化率很不理想。问题的根源就在商品详情页上。

衡量商品详情页的好坏只有一个标准——能否提高转化率。商品详情页的设计要紧紧围绕转化率和成交量进行。否则再漂亮的商品详情页，如果无法提高转化率，无法带来成交量，也就等于没用。

（1）商品详情页的基本模块

通常，完整的商品详情页包含以下模块（见表2-3）。

表2-3　商品详情页的基本模块

模块	描述
整体图	对商品的整体进行展示，让用户对商品有一个全面的印象
场景图	对商品在实际场景中的运用进行展示，增强用户的代入感
卖点图	突出商品的核心卖点，吸引用户下单
细节图	展示商品的部分细节，让用户从细微处深入了解商品
对比图	与同行商品进行对比，突出自己商品的差异和优势

续表

模块	描述
品质图	通过品牌、背书等强化商品印象，增强说服力，提升用户信任
售后保障	消除用户的各种后顾之忧，比如支持7天无理由退换、提供运费险等
好评图	商品的好评是最好的销售说服力

（2）如何设计商品详情页

设计商品详情页的最终目的是成交。以下是用户的下单历程：

①进入商品详情页后，用户首先会重点关注页面顶端的商品轮播视频和轮播图，了解基本的商品信息和价格。

②细看销售价格及活动后的价格，评估是否符合自己的心理预期、是否足够划算。

③详细查看商品的各项数据、属性、款式、细节等。

④翻看商品评价，看评价的用户数量和好评多不多，好评的关键词有哪些，然后看中差评和行家心得（晒图）。

⑤如果还有些疑问，会继续详细刷详情页，或者直接咨询客服。

⑥下单购买。

设计商品详情页，首先要对自身的商品有深入的了解，分析商品的特点，设计商品的卖点，详细列出详情页的内容；同时，要结合上述用户的浏览习惯来制作。

（3）商品详情页的内容重点

第一，首屏。

优秀的商品详情页首屏一定要突出商品卖点和销售说服理由。这样可以首先让用户对商品有一个大概认知。

如图2-8所示的商品详情页首屏，不仅为用户提供了商品图片和价格，还突出了商品卖点和销售说服理由：60天低价、100%正品、已拼2.1万件、回头客305人等，能对用户产生有效的消费刺激。

第二，二屏。

二屏主要包括商品评价、物流信息、商品销量信息等。

如图2-9所示的商品详情页二屏，不仅给用户提供了商品评价和行家心得，还做出了物流和售后保障，如承诺24小时内发货、退货包运费、7天降价补差、闪电退货等，同时还展示了该商品的畅销信息。这对用户而言是强有力的说服理由。

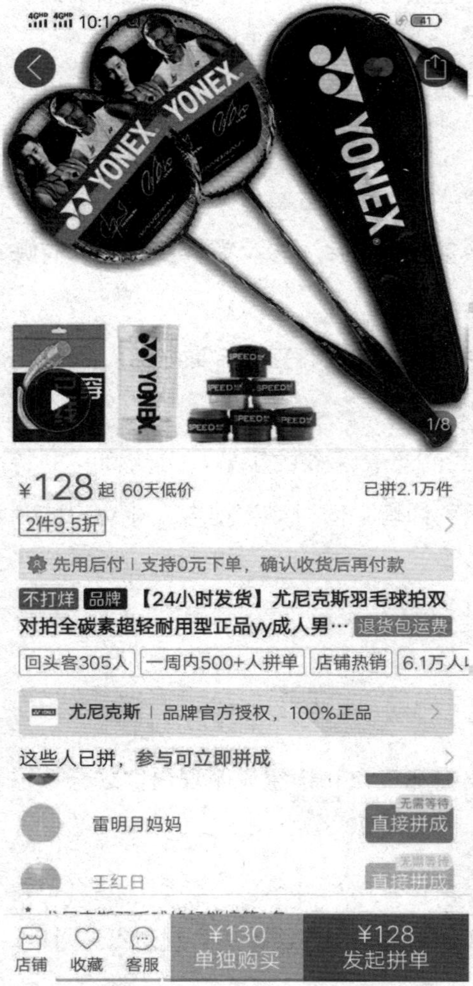

图 2-8 尤尼克斯羽毛球拍商品详情页首屏

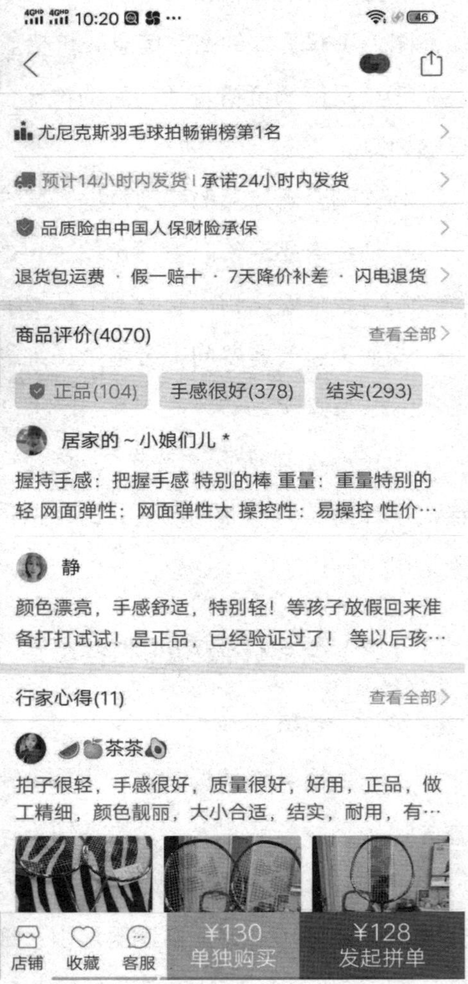

图 2-9 尤尼克斯羽毛球拍商品详情页二屏

第三，三、四屏（卖点）。

三、四屏可用来展示商品的卖点，比如在众多卖点中找到两三个主要的、特色的卖点来进行宣传。

第四，五、六屏（细节）。

展示完商品的卖点之后，就要展示商品的细节。细节图片要清晰、富有质感，并附带相关的文案介绍。这样可以让用户对商品的信任感上升。

第五，七、八屏（详细信息）。

七、八屏可以用来展示商品的详细信息，比如商品的品牌、材质、型号、重量等，让追求更多细节的用户可以一目了然。

可以用其他实物与商品对比，让用户判断商品的实际尺寸，以免用户收到货看到商品时产生心理落差。

第六，其他。

其他内容包括同行商品优劣势对比、同类商品的精选推荐等。

6. 商品图片的拍摄技巧

在实体店中，顾客可以亲眼看到商品、亲手触摸到商品，甚至可以亲身体验商品；而在拼多多店铺中，用户只能通过店主上传的商品照片来感受商品全貌。因此，照片拍得清晰、美观，有助于扩大店铺的知名度并激发用户的购买欲；照片拍得模糊、阴暗，会影响用户的购买欲。

那些能激发用户购买欲的图片，通常都是主体清晰、色彩真实、细节突出的，充分达到了“一张好图更胜千言万语”的目的。

想要自己的商品在图片上胜人一筹，就要掌握相应的拍摄技巧。

（1）如何拍摄服装类商品的照片

拍摄服装类商品的照片，最好能有一个模特。如果实在找不到真人模特，可以利用假人模特。无论真人模特还是假人模特，只要拍摄得好，都可以最大限度地还原服装的立体感，突出服装的美感，并激发用户的购买欲。

第一，拍摄模特的技巧。

新手商家在拍摄之前，最好先找几本服装杂志学习一下，看一看别人照片中的颜色搭配、服装搭配以及背景设置等。

①选模特很重要。

模特要选择瘦一点的，不过也不要太瘦，如果撑不起衣服的话，那就弄巧成拙了。

在为模特拍照时，不要本末倒置，只注意模特的表情，而忽略了商品。最好能够在照片中将模特的脸部遮挡，这样可以有效避免分散用户的注意力。

模特摆好姿势以后，拍摄者最好多角度拍摄出服装的全貌，如果服装上面有特别的设计，可以给局部特写。最后在上传照片时，不要忘记将模特的身材尺码注明，让用户参照模特想象自己穿上这款衣服是什么样子。

②背景选取要注意。

在进行服装拍摄时，要注意选取相应的背景。不要选用过于抢眼的背景，否则容易抢走服装本身的风头；背景颜色也不宜过多，颜色过多就容易与服装混淆，让人难以分辨出哪里是衣服、哪里是背景。

通常来说，背景选用淡黄、米白或者粉色等色系会有不错的效果。还可以根据服装的特点进行自由配色。

总之，要遵循一个原则：背景要尽量使用单色，不要与服装形成大的反差。否则，就容易影响服装的清晰度。

例如，拍摄者可以选择淡色的窗帘，配以原木色调的地板和淡色调的沙发进行拍摄。这种背景设置可以给用户留下简约大方的印象，在视觉上也会让用户感觉很舒服。

拍摄者还可以根据服装特色，打造出原野风格的背景。例如，可以使用原木效果的木屋背景图，配以桦木地板，再搭配原野风情图，来全方位打造绝美的背景。

③适当使用一些小道具。

如果只使用背景，拍摄出来的照片难免会显得单调，商家可以使用一些适当的道具来为自己的商品照片添光增彩。千万不要小瞧小道具的作用，如果用得好，可以衬托出服装的气质，起到画龙点睛的作用。

道具可以是一个玩具、装饰包、首饰、太阳镜等，还可以是一本杂志、一张CD等。小道具要能够突出表现商品，与商品的气质相吻合。

如果是学生装，为了凸显书卷气，模特的手里可以随意拿几本书；如果是白领职业装，为了表现出白领的干练和精明，可以选择一个文件夹作为道具；如果是休闲装，那么漂亮又百搭的玩具就是不二的选择；如果是性感的时装，那么一双尖头高跟皮鞋或一条时下正流行的宽腰带，就是不错的搭配；如果是男装，旁边还可以放一些诸如钢笔、手表之类的小物件。

只有那些处处用心的店主才能拍出高质量的照片。

第二，平面拍摄的技巧。

如果商家实在找不到合适的模特，可以采用平面拍摄的方式进行拍摄，但要注意选好角度，拍得清楚，才能充分展示出服装的魅力。

由于没有模特营造出的立体效果，在平面拍摄中一定要注意颜色搭配。比如可以把不同色系的同款服装整齐地码在一起，只有一件是完全打开的，这样既可以让用户看清款式，又可以充分展示出这款服装的所有颜色，提高商品的卖相。

拍摄者进行平面拍摄时，要特别注意选择服装的摆放背景。背景颜色首推淡色，例如淡黄、乳白、浅粉等。不过，如果服装本身是很淡的颜色，就要考虑色差问题，给淡颜色衣服选择的背景最好是深色，才能清楚地展示出商品的特色和美感。

简而言之，平面拍摄要把握以下三点：

一是拍摄一定要清晰。

二是进行全方位展示。

三是服装细节部位要凸显出来，比如商标、拉链、纽扣、里衬等部位，这些部位的拍摄可以使用微距模式进行。

第三，颜色与背景要搭配。

（2）如何拍摄透明商品的照片

拼多多平台上有不少卖家经营的是玻璃器皿、水晶、玉器等透明商品。这类商品的拍摄有一定的难度，如果拍摄不当，效果会非常不好，商品在照片中不太凸显。

在拍摄透明商品时，应采用侧光或底部光进行照明，这样可以很好地表现出静物清澈透明的质感。要注意在使用底部光时，应使用白色底衬或者直接放在玻璃上。

另外，要特别注意拍摄背景的选择。由于商品本身是透明的，所以背景最好设置得鲜艳一点，陪衬物的选择绝对不能掉以轻心，同时还要顾及商品本身的气质和内涵。具体来说，商家可以选择一个亮色的背景，比如亮黄、亮粉、紫色背景，甚至明亮的黑色玻璃等雍容华贵的背景，再配以各种华贵的陪衬物，如鲜花、造型优美的工艺品、精美的毛绒玩具、新鲜的水果等。有了这些道具，那些透明的商品拍摄出来就不会显得那么单调了。

（3）如何拍摄珠宝首饰类商品的照片

在网上卖珠宝首饰类商品，拍照却成了难题。拿到专业影楼去拍，价格太高；自己拍，效果又太差。本来价值不菲的东西，拍出来的效果却像地摊廉价货。那么，对于珠宝首饰类商品，应该如何来拍照呢？

第一，拍摄前的注意事项。

①拍摄照片时，首先要注重饰品的形体特征。将商品的形体与拍摄背景生动地融合在一起是拍摄的关键所在。由于饰品形态各异、色彩丰富，在拍摄时要充分展示饰品的外形特征，力求美感和生动性。

②要利用饰品与背景受光的差异。一般来说，可以利用日出或日落的逆光，因为这时的光线最柔和。提前选好位置和角度，等待太阳升起或落下，阳光由红色变橙黄色，或由橙黄色变红色，看上去又不刺眼时，是拍摄的最好时机，一般只有10分钟左右的宝贵时间，千万不要错过。另外，也可以利用室内和室外人工造成的受光差异或天空和水面的自然强反射光来进行拍摄。

第二，拍摄方式。

①微距。

将相机调节到微距模式，如果相机有锐化模式也要打开。如果相机微距功能是5cm或是5cm以上，则应将相机的照片尺寸调节到最大。这样拍摄出来的照片在后期处理的时候就不会丢失细节部分。

②构图方式。

在商品构图上应尽量采取中心构图或对角线构图的方式。比如可将相机和商品保持45°俯视角度，拍出来的商品照片看起来会比较舒服。

③布光方式。

最好在拍摄时使用无投影摄影台。在拍摄的时候，左右和底部都要布光，如果想要效果更好一点，可以再准备一个移动灯具，从稍远的地方照射商品，制造高光或反射点，进一步提高商品的质感。

④拍摄方法。

先把一张小桌子或者椅子放在阳台上，再把摄影棚放在台面上。在拿放首饰时最好戴上白棉布手套，一方面因为首饰比较贵重，另一方面如果指纹印在首饰上，会影响拍摄的效果。拍摄者要尽可能穿白色的服装，如果穿色彩鲜艳的服装容易将自己的影子映到首饰上，影响拍摄效果。

根据拍摄者的个人喜好，可准备些陪衬的花草或者其他装饰物。这样能让图片更加赏心悦目，但要注意别让它们喧宾夺主。

⑤拍照。

将相机像素调整到最佳，选择微距拍摄。由于拍的是静止的物体，也不是在昏暗的环境下进行抓拍，所以可以将ISO值调低一些，比如ISO 50/100。高ISO值会使照片的颗粒变大，看起来比较粗糙。

第三，戒指的拍摄要点。

①选择黑色或红色作背景，鲜艳的颜色更能吸引用户的目光。

②用橡皮泥或双面胶把戒指立起来，直立角度拍摄会比平放拍摄更有立体感。

③店铺展示的图片为正方形，所以我们必须充分利用正方形的特性，最好的角度是30°～45°。注意戒面要完整展现。

④利用摄影棚和自然光。

如果有可能的话，还要拍摄几个不同角度的图，让用户详细了解戒指的材质和结构。建议拍摄一张佩戴的效果图，让用户可以有直观的感受。

第四，K金、镶钻首饰的拍摄要点。

K金、镶钻首饰的拍摄相对来说难度较高，其中最大的问题在于反光。拍摄K金、镶钻首饰时需要在商品周围设置遮挡物，以防止金属表面映射倒影。对这类首饰来说，最好的拍摄场景是柔光摄影棚，或者利用白布或5张A4纸搭建一个小小的临时简易摄影空间。无论用什么方法，只要能够充分遮挡可能映射到金属表面的物体即可。在具体拍摄时，还要注意以下几个细节：

①拍摄镶钻首饰时，可以使用一些小的附件去激发钻石内部的光彩。比如用一张天蓝色的纸在钻石上方移动，直到钻石反射蓝色光芒的时候再按动快门。

②镶钻戒指可以立放拍摄，也可以平放拍摄。戒面尽量不要正对相机，否则商品上会倒映相机镜头。

③用对角线的方式构图拍摄项坠时，建议加一个项链作为道具。这样拍出来的效果不仅可以比单独拍摄项坠的效果要饱满，还可以缓解由于项坠过大对用户形成的视觉冲击。

如果通过上述拍照方式，仍然不能得到令自己满意的效果，可以对照片进行后期制作。后期加工不宜过度修改，否则容易给用户造成一种不真实的感觉。

如果有条件的话，还可以找首饰模特来进行辅助拍照。精美的首饰经过模特恰到好处的演绎，再辅以时尚雍容的服饰，那么效果自然会有很大的突破。不过需要注意的是，千万不要犯喧宾夺主的错误，不要为了追求唯美的效果，而让用户搞不清楚你卖的是衣服还是首饰。

（4）如何拍摄瓶装类商品的照片

要想突出瓶装类商品的效果，必须准备好漂亮的背景或干净的单色背景。这样不但可以省去后期修图的麻烦，而且还可以使物品周围的环境显得更自然、更有情趣、更真实。

要拍好瓶装类商品，首先要准备一盏台灯、一个手电筒、一块黑色玻璃板、一块柔光布、一面大小合适的小镜子。如果有现成的摄影棚，就只需要一块黑色的玻璃板和一面小镜子。下面就详细介绍它们的用处。

黑色的玻璃板可以放到摄影棚里用来作底，台灯和手电筒分别布置在两边，台灯的光作为主光，手电筒光则作为补充。这样可以使拍出来的照片更有层次感。柔光布在拍摄有镜面反射效果的商品时，一定不能省。

接下来就是寻找最合适的角度进行拍摄。有些瓶子是金属盖，不仅反光效果很强，还非常容易把周围的环境甚至拍照者照进去，影响拍照效果。这种反光效果加上过度使用灯光，很容易拍成白茫茫的一片。如果用光的角度不对，还有可能使拍摄者满眼金星，但照片主题却显得黯然无光。

如果瓶子里装的是透明、半透明液体，例如香水、爽肤水等，则需要在商品的后面放上一面小镜子。这样可以有效增加商品的通透度，提升商品的形象和品质。

在拍摄时还可以使用一些相应的道具，如鲜花、珠宝、玩具、贝壳等。这样可以最大限度地衬托出商品的高雅气质和尊贵品质，给用户一种唯美的感觉。

（5）漂亮小饰品的拍摄

小饰品是女孩子们的最爱，网上销售小饰品的生意非常火爆。但是，小饰品在拍摄时有一定的难度，要想拍好，店主需要下一番功夫。

具体说来，在拍摄小饰品时，要注意下列事项：

第一，掌握好拍摄时间。

最好在上午9:00到11:00、下午3:30到5:30（太阳落山时最好别拍，因为夕阳的红光会让照片出现偏色）进行拍摄，地点可以选择阳台或者有大窗户的房间。

第二，选好拍摄背景。

拍摄背景需要和要拍摄的小饰品相得益彰。这就要了解所要拍的小饰品属于哪种气质，并根据这种气质来选择适合的背景颜色。如果不好选，就直接使用白色或者黑色的背景。

第三，突出主体。

要了解整个小饰品的主体部位，对于较大的小饰品不必拍出全貌，只需突出重点部位即可。

第四，后期制作的注意事项。

在对图片进行后期处理的时候，应该注意以下三点：

①不要对图片进行色彩失真处理，否则会和实物有很大差异，用户收到货后容易退货。

②不要喧宾夺主。有的商家喜欢给图片添加些其他效果，这些都是可以的，但一定要围绕饰品和突出饰品，否则就过犹不及了。

③要注重整体风格的统一。有很多的小饰品是系列化的，图片的后期制作要考虑到整体的风格，比如同一系列、同一类别的小饰品可以采用同一种风格。

第三章

选品定价：挖掘潜在的爆款商品

商品选得不对，一切努力都白费。

选商品，就是选赛道，有业内资深人士甚至称：“拼多多电商，七分靠选品，三分靠运营。多吃选品的苦，少受运营的罪。”

拼多多平台以出售高性价比的商品著称，价格是影响成交的一个重要因素。商家要基于平台总体用户画像和本店目标用户群体的消费需求，进行合理定价。

1. 拼多多选品的基本维度

想要做好拼多多电商，除了需要做好运营、渠道工作外，还有一项不容忽视的重要工作——选品。

商品选得不对，一切努力都白费。

选商品，就是选赛道，有业内资深人士甚至称：“拼多多电商，七分靠选品，三分靠运营。多吃选品的苦，少受运营的罪。”

在选品时，要把控好四个基本维度。

（1）商品维度

商家在选品时，要把控商品维度。

第一，选刚需商品。

刚需商品用户群体大、需求量大，拥有较大的市场空间。在很多情况下，用户对商品的功能性需求大于对款式、尺码、颜色、外观等外在属性的需求。这也意味着，当用户从实际需求出发购买而不是从个人偏好出发购买时，复购率才较高，潜在的消费群体才较为庞大。

第二，选当季商品。

很多商品都具有季节性特征。季节性的商品代表着用户当下的刚需，具体可分为两种：

一是气候性的，比如春夏秋冬季节性商品，天气热的时候就卖春夏季商品，天气冷的时候就出售秋冬季商品。

二是节日性的，比如情人节、端午节、中秋节、元旦、春节等，各有不同的消费需求点。

反季商品的确有市场，但市场较小，适合小众商家。

第三，选爆款商品。

爆款商品又称为畅销商品、好卖商品。那么什么样的商品才能称为爆款商品呢？卖得好的商品就是爆款商品，比如某旺铺销售量（额）前三的商品，或者单场直播销量突破100件或周销量突破1000件或月销量突破5000件的商品。

根据“二八法则”，20%的商品一般能带来 80%的销量。选品的目标是要尽可能发掘出20%的畅销商品。在这个筛选的过程中，选品方的专业程度决定了筛选结果。

第四，选热门商品。

拼多多商家选品可以去蹭市场的热度，什么商品火就卖什么，比如流行趋势商品、网红商品等。

（2）利润维度

商品销量是基础，利润是根本，如果没有足够的利润支撑，拼多多店铺将难以为继。在当今高流量成本、高运营成本、竞争激烈的电商市场环境下，能够上架销售的商品必须是高毛利的商品，要有合理的利润空间。通常，商家拿到货后，会在进价的基础上加价3倍到4倍出售。比如某爆款T恤，全网定价是29.9元一件、49.9元两件，出厂价一般是9元左右。

因此，选品时要进行三维分析——卖得好、可售时间长、有利润。

首先，要找出卖得好的商品（一维分析）。

其次，要确保它们在未来一段时间内持续畅销，所以要考虑库存因素（二维分析）。

最后，商品仅仅销量高还不够，能盈利才是最重要的，所以还要结合利润率来评估商品（三维分析）。

（3）市场维度

商品要想适销对路，必须做好用户研究、市场调研和市场分析。

第一，了解用户需求。

选品的第一步，是根据用户需求确定细节。例如，对于服装类商品，分析用户偏爱什么风格、什么颜色、什么用途的服饰；对于电子类商品，分析用户希望商品有什么样的基本功能、喜欢什么样的商品造型、对商品包装有什么样的要求等。

第二，进行市场调研。

市场调研的方法有很多，如和同行业的人面谈、做群体调研问卷、做网络调查等。网络调查可以去淘宝、京东等电商平台寻找同类产品，浏览价格、成交量、评价等信息，进行综合分析、评估。

第三，查看市场数据。

当下，拼多多电商常用的专业数据平台有多多情报通、选品方舟等。多多情报通有选品中心、新品推荐、商品榜单等板块，提供拼多多的业务详情、行业分析报告、店铺评分等数据，为商家提供运营店铺的参考依据。

选品方舟作为拼多多的行业数据分析工具，可提供拼多多的行业数据、品牌数据、店铺数据、商品数据，以及个性化定制数据。

第四，利用工具进行市场分析。

拼多多电商常用的分析工具包括以下几个：

①多多大师网页版。

提供拼多多竞品店铺分析、SKU分析、关键词推荐、直通车诊断等服务。拼多多行业大盘数据、类目数据、店铺活动数据都可以看。

②多多情报通。

拥有销量解析、选款选词、排名查询、关键词卡位、关键词引流、直通车分析等多种功能。

③电霸。

提供竞品分析、选品推荐、智能监控、数据查询等服务。

④多多有数。

多多有数是拼多多平台的数据分析工具，为商家提供电商数据分析服务，包括竞品销量监控、SKU监控、市场大盘数据分析等。

利用工具可以使选品更加便捷，我们可以收集相关数据进行统计以及分析，根据分析结果并结合自己的账号定位和用户需求来进行选品。

（4）供应链维度

选品时还要充分考虑供应链（工厂、批发市场）因素，要确保商品缺货后能够及时补充，出现新款商品后能够及时生产、及时上新。包括商品款式的更新、应季商品的更新都需要考虑。

另外，选品时要注意品类的更新与升级。任何一款商品，都是有生命周期的。在线上，今天的爆款商品，明天或许就会被市场淘汰。今天发现的新品，明天或许就会被其他同类店铺跟风销售。在信息透明的当下，爆款商品被淘汰、被跟风销售几乎是无法避免的。拼多多商家在获得初步的市场成功和用户支持之后，要及时地进行品类更新与升级。

2. 拼多多选品的原则和技巧

商品选得好，拼多多卖货没烦恼。

选品的恰当与否会直接决定店铺经营活动的成败。如果商品没选好，哪怕店铺装潢再美观，运营人员再努力，也可能会出现低转化甚至零转化的结果。

选品是店铺运营中最重要的一环。合理的选品策略能够帮助商家抓住市场机会，提高销售额和盈利能力。在竞争激烈的拼多多平台上，是否能够进行有效的选品分析，是衡量商家眼光和竞争力的关键。

（1）拼多多选品的基本原则

拼多多是主要针对下沉市场、以实惠和高性价比为主要卖点的电商平台。商家在选品时，要以高性价比、质量保障、良好口碑、高潜力等为主要原则，以满足平台用户的购物需求。

第一，选性价比高的商品。

由于拼多多平台的特殊性质，高性价比的商品会受到平台的偏爱，也是用户倾向的选择。通常，相同类型的商品，以质量好、价格低的商品为优。因此，选品时要选择相比其他店铺商品性价比更高的商品。

第二，选有质量保障的商品。

拼多多平台提倡清理“三无”商品，平台用户喜欢的也是质优价低的商品，而非低质低价的商品。因此，选品时一定要挑选正规品牌和有质量保障的商品。

第三，选择口碑好的商品。

拼多多的用户群体主要为二三线城市用户和农村用户，他们对商品好评率、用户口碑等的要求比其他电商平台更高。因此，选品时要选择商品好评率高、用户口碑好的商品。

第四，挖掘潜力商品。

爆款商品看似需求大、销量高，但也意味着竞争激烈、价格透明，很可能市场已经接近饱和。这类商品往往不太适合新开的店铺，因为很难做到起量，达不到规模优势。因此，在选品时可以退而求其次，从潜力商品下手，力争打造新的爆款商品。

（2）拼多多选品的技巧

选品除了依据以上原则并符合用户画像特征、满足用户需求外，还可借助以下技巧进行：

第一，关注拼多多的商品热度。

拼多多的商品热度是指在一段时间内，某个商品被用户搜索、浏览、收藏、购买的数量。关注商品热度不仅可以了解用户的需求，选择热门商品，还能切合市场需求。

第二，关注商品品牌力。

在选品时，要考虑商品品牌力和品牌优势，是否为目标用户群体所熟知、所喜欢。一般为用户所熟知的品牌，更容易赢得他们的好感和信任，推广难度也会大大降低。

第三，注重商品品相。

用户都是视觉动物，好品相的商品更能激发用户的购物欲望。在选品时，可以选择那些在外观方面能够对用户感官形成冲击力的商品。

第四，选有明显卖点的商品。

卖点，即能够打动用户下单购买的商品要素。商品是否具备直接而突出的卖点，是商家选品的一个重要考量因素。卖点明显的商品，会大大降低用户的下单难度；而卖点不明确的商品，则会让用户顾虑重重，下单率也不会很高。

第五，选品要能够及时满足用户需求。

需要考虑商品能否紧贴当下时兴热点、活动趋势和用户需求。对一些能够满足用户需求的热点商品，在一些大的促销活动中，如平台店庆或“双11”大促活动等，要充分做好销量预测，以便做到充足备货，有备无患。

（3）拼多多选品的流程

拼多多选品可按以下流程进行：

第一，了解用户需求。

在选品之前，要了解用户的需求，特别是目标用户的需求，以确定合适的商品品类和风格。建议通过分析拼多多平台上的热门商品、竞争对手的商品品类和营销策略等，来了解市场需求。

第二，初步筛选商品。

在了解市场需求后，需要对商品进行筛选，可以从以下五个方面入手：

①商品品类——根据前期的市场分析，确定商品的品类范围。

②商品质量——选择正规品牌和有质量保障的商品。

③商品价格——挑选价格相对较低，同时质量和服务有保障的商品。

④商品口碑——选择好评率高、用户口碑好的商品。

⑤采购渠道——选择可靠的供应商，保障商品质量和售后服务。

第三，选品测试。

初步选好商品后，需要评估其销售状态和反响。测款方法主要有三种：

①小批量采购——采购一定数量的商品进行测试销售，以了解其销售状态和反响。

②广告投放——利用拼多多的广告投放功能，将商品进行推广，以验证其是否受到用户的喜爱。

③社交营销——通过社交工具，如微信、微博等，向用户推广商品，以获取销售反响。

第四，定期更新。

根据前期测试的结果，以及市场变化的情况，对商品进行更新，满足用户不断变化的需求。可以通过对价格、品类、服务等方面的调整，来提升商品的竞争力。

3. 选品的五种常用方法

选品对于拼多多店铺的成功至关重要。如何才能选出迎合市场需要的商品？下面分享几种适合新手商家的选品方法。

（1）渠道信息选品法

渠道信息选品法，即利用各个平台、渠道的公开信息进行选品，适合选择一些主推款商品。

第一，拼多多首页信息。

能进入拼多多首页的商品，基本上都是商家大力推广并经过层层选拔、过关斩将和优胜劣汰后的佼佼者，极有可能是当下的爆款商品或潜在的爆款商品。我们可以从首页的推荐商品中发现当下的市场风向，以此作为选品的一项依据。

第二，竞价活动。

在电脑端打开拼多多商家后台，点击“店铺营销”—“营销竞价”，即可进入营销竞价模块，查看平台所有的参与竞价活动的商品。参与竞价活动的商品同样是各大商家的主推商品，在这些商品中进行选品不失为一种有效方法。

第三，多多进宝。

进入多多进宝首页“马上赚钱”，可以看到很多正在推广的商品，同时多多进宝还提供精选爆款、热销榜单等商品信息，可以根据销量和店铺主营类目查看对自己选品有借鉴意义的商品。

第四，拼多多批发。

拼多多批发是拼多多官方批发采购平台（见图3-1），提供直达底价的各种精选好货，是一个不错的选品平台。

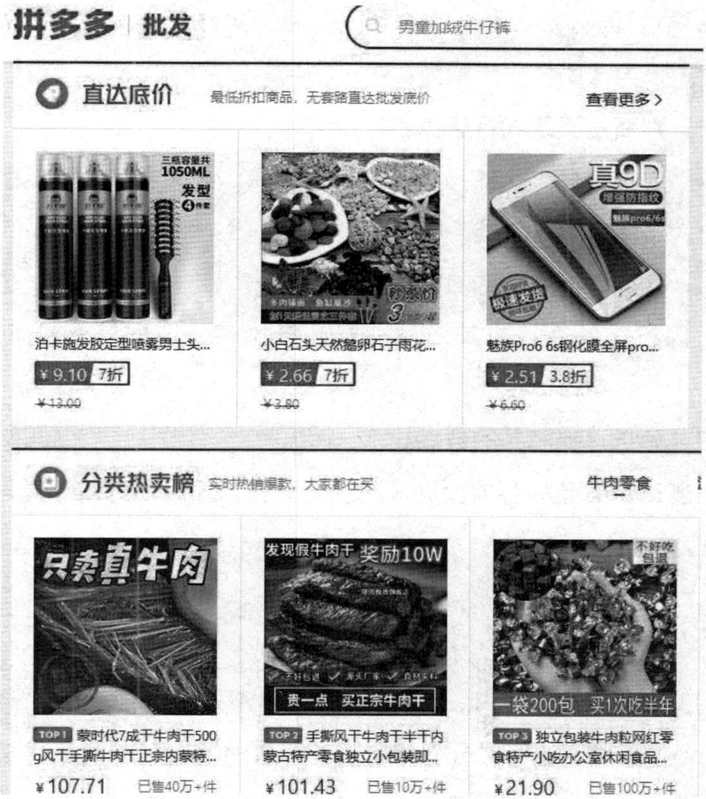

图 3-1 拼多多批发首页信息

第五，其他平台。

如抖音、快手短视频平台和电商平台的网红爆款商品、同类大品牌商品，它们以往热销的款式对于选品的参考价值是非常高的。

（2）搜索工具选品法

即利用商品图片搜索工具进行选品，适用于选择上架商品和主推款商品。借助拼多多App中拍照或者上传图片来查找同款的功能，查看同款商品的热销情况，确定待选款式的市场销售潜力，评估其是否会热销。

（3）同行竞品选品法

俗话说：“同行就是最好的老师。”同行卖得好的商品，选过来大概率也会好卖。该方法的操作步骤为：

第一，判断是不是同行店铺。

可以随便搜索同本店商品相同的一款商品，如果销售该商品的店铺是专营店，则大概率是同行店铺。

第二，找到同行店铺的热销商品。

进入同行店铺后，将其商品按照销量排序，选取销量最好的3～5个商品。

第三，分析热销商品的数据。

对上述热销商品的各项数据进行综合分析，作为己方商品是否能上架的重要依据。

（4）评论选品法

举例来说，某店铺打算上架羽绒服，但不知道选何种款式时，可以在拼多多App中搜索羽绒服，分析排名前30～50的商品。一方面，要查看商品的适合年龄、风格、面料材质、成分含量、款式、袖长、衣长、领型款式、SKU等基础信息；另一方面，要查看分析商品的评论信息，重点分析用户评论中的吐槽点和痛点。痛点意味着未被满足的需求，这不仅是弯道超车的突破点，也是选品的突破点。

（5）机会产品选品法

在商家后台的商品列表中有一个机会商品选项。机会商品通常是行业内顶级店铺挑选出来的有潜力的商品。这些商品更容易转化。如果商家有相同或相似的货源，可以发布同款。对于这些商品，平台会支持并帮助提升销量。

4. 选品：线上货源与线下货源

线上线下都有海量的进货渠道，这对于拼多多商家而言可谓是喜忧参半。喜的是选款的货源充足，可以多样化选择；忧的是各类供货渠道鱼龙混杂，质量参差不齐。“乱花渐欲迷人眼”，新手商家很容易挑花眼，稍有不慎，就有可能选品失败，甚至被骗。

俗话说做熟不做生。拼多多商家尽量不要涉足自己不熟悉的领域或者没有接触过的领域，选品时花一点时间进行用户研究与市场调研，尽量寻找源头，找到适合自己的线上、线下货源。

（1）线上货源

电商的繁荣催生了诸多的线上货源和线上商家。拼多多商家选品常用的线上货源渠道主要包括以下几种（见表3-1）。

表3-1　线上货源渠道

渠道	描述
B2B平台	B2B平台即商家对商家的销售平台。2025年，B2B十大品牌是阿里巴巴、慧聪网、环球资源、中国制造网、中国供应商、敦煌网、中国产品网、必途网、中国网库、盘活网。具体选品，需要商家细致地从中分析及挑选
1688	阿里巴巴（1688.com）批发网是全球企业间（B2B）电子商务的著名品牌，为天下网商提供海量商机信息和便捷安全的在线交易市场。阿里巴巴从海量的商品中甄选热销新品、优质好商，为买家采购批发提供风向标。阿里巴巴集合了全国各地的供应商，各类目货源应有尽有，拼多多商家可从阿里巴巴进货或选择代发

续表

渠道	描述
网上代销	网上有很多的代销网站，商品更是琳琅满目、数不胜数。简单来讲，就是代理别人的东西来卖，当我们卖出去之后，代理商会替我们发货。 网上代销不承担进货风险，零成本，零库存。代理第三方的商品来销售,当店铺有订单之后，代理商会发货。但是商品价格较高，质量参差不齐，需要仔细比较和筛选。 这种模式非常适合新手商家，在寻找代理商时应该找比较有知名度的，这样才能保证货源的优势
拼多多批发	拼多多官方批发采购平台，商品便宜到超乎想象，拥有充足利润空间，货源和拼多多热销商品的契合度较高。进货风险比较低，能享受7天无理由退换货等权益。 线上批发需弄清楚货源是否充足、是否提供商品实物图、发货细节、退换货等问题。可以自己先下单购买一些商品，检验商品质量
搜索引擎	在搜索引擎中进行类目关键词搜索，比如女装、童装等，搜索引擎会反馈多个词条，需要逐个进行研究对比。 通过搜索引擎搜索能更精准地找到类目货源，但是货源安全性不确定，需要提高警惕，避免被骗

通过线上渠道进货，要注意以下两点：

第一，弄清楚货源是否充足、是否是一手货源、是否提供商品实物图、发货细节、退换货等问题。售后问题对店铺运营有着重要的影响，一定要咨询清楚，提高防骗意识。

第二，先下单购买一些商品，看一下商品品相。这样便于进行商品图拍摄，有利于突出商品特性，避免商品图同质化严重。

（2）线下货源

常见的线下货源渠道见表3-2。

表3-2　线下货源渠道

渠道	描述
批发市场	最常见的进货渠道，商家可以根据经营品类选择对应的行业批发市场。 举例来说，如果经营服装产品，进货渠道运用最多的就是全国各大服装批发市场。例如北方的北京动物园服装批发市场、北京大红门服装批发市场、大连服装批发市场等，南方的广州十三行服装批发街、广州白马服装市场、东莞虎门服装批发市场、杭州四季青服装市场、上海七浦路服装批发市场等，都是全国比较出名的服装批发市场。 在去批发市场进货之前，先把功课做足，比如在网上查找资料，哪些批发档口的货比较好又比较热门，或者多问问身边同行业的朋友哪些地方的档口货源比较好，同时要做好防骗攻略。 进货时，一定要有强大的议价能力和善于洞察市场的眼光
当地特色商品	每个地区都有自己的特色商品，尤其是特色农产品，比如五常大米、迁西板栗、宁夏枸杞、和田大枣、高邮咸鸭蛋等，都是不错的选品方向
厂家进货	正规的厂家货源充足，信用度高，如果长期合作的话，一般都能争取到商品调换。不过，厂家的起批量较高，不适合小批发商家。如果有足够的储备资金，不怕压货，那就可以去找厂家进货
品牌代理商	品牌商品具有天然的优势，商家可以通过品牌授权获得销售品牌商品的资质。了解需要满足什么资质和条件才可以获得品牌授权。 选择品牌代理商进货具有品牌优势，更容易赢得用户信任。缺点是品牌授权门槛高，不容易拿到
身边信息	比如身边有亲戚朋友经营货源批发或者实体店，商家不妨试试这种方式，说不定能找到最适合自己的进货模式。 再比如身边的实体店转让、店铺库存转让、外贸公司库存、工厂尾单等，商家都可以去实地考察看货

线下货源可以实地考察，更容易把控商品品质，有条件的商家建议优先选择线下货源。

5. 如何挖掘潜在的爆款商品

“爆品”一词，原本是淘宝店主们集体发明的营销利器。后来，这个词被引申和发展为爆品思维，指打造让用户尖叫到爆的极致商品。深谙此道的商家会以“自虐狂+偏执狂”的态度打磨出极致的商品，让用户尖叫的同时也使得商家的口碑爆棚，带来积极效应（见图3–2）。

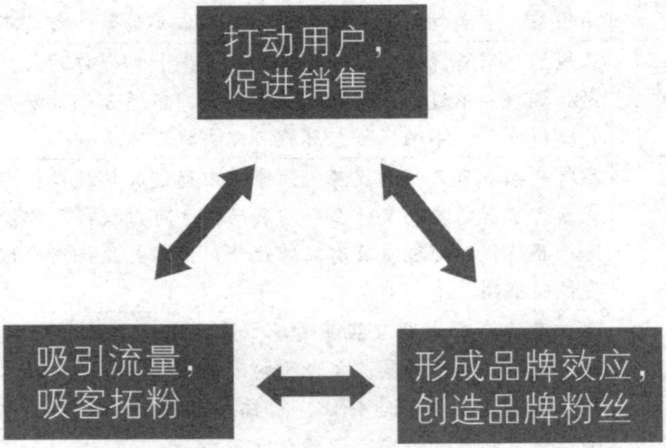

图 3–2　爆品的三大效应

爆品一定是店铺内的明星单品，至少需要在以下某一方面实现突破：

第一，品质突破。

商品质量比竞争对手都好，就是独一无二的爆品。就像某款手机品质明显好过同时期竞争对手，虽然价格贵不少，但用户依然会为之买单。

第二，性能突破。

性能好到别人都做不出来，性价比超高，一直被模仿，却无法被超越，竞争对手只能望其项背。这也能出爆品。

第三，价格突破。

如果品质、性能无法同竞争对手拉开差距，也可以在价格上做文章，祭出超低价格的撒手锏。这也能出爆品。

（1）拼多多爆品特征

在拼多多平台上，爆款商品是指销量和人气都非常火爆的商品。不过，对于不同的商品类别和行业来说，爆品的定义可能会有所不同。一般而言，在拼多多平台上，一个商品只要达到或超过1000单的销量，就可以称为爆款商品。

这个标准是基于拼多多平台上商品销售的整体情况和市场竞争状况而定的。1000单以上的销量代表了该商品在平台上拥有较高的曝光度和受欢迎程度，说明该商品具有较大的市场需求和吸引力。

除此之外，还可用以下标准来衡量爆款商品：

第一，市场表现。

爆款商品必须是大众市场商品，或者是有潜在需求的商品，且潜在需求有被证实，有数据支撑。

第二，数据表现。

爆款商品的点击率和转化率一定是高于同类商品平均水平30%以上的，这两个数据侧面反映了该商品的受欢迎程度和成为爆款的潜力。点击率主要由主图、销量、创意标题、展示价格、优惠券、其他附加服务标签等决定，重要度从高到低；转化率主要由商品的视频、评价、SKU组合、榜单排名、轮播图、直播内容等决定，重要度从高到低。

第三，高颜值、中质量、低成本。

高颜值、中质量、低成本的商品非常容易成为爆款。高颜值指的是设计精美，款式惹人喜爱或者图片和视频很吸引用户，能让用户停留；中质量指的是能保障商品的口碑总体不差，用户挑不出明显的质量问题，在高颜值的加持下用得比较舒心；低成本指的是在商品的成本环节尽可能地占据优势，商品的毛利空间尽可能地放大。这样才能有足够的资金去投放市场、投放广告。

第四，销售时间段长，复购率高。

销售时间段长，代表商品在很长的时间里都可以卖。一般销售季节只有夏秋两季的商品，大多只是季节性需求。但有的商品，例如内衣内裤、毛巾床单等，则不受时间限制。同时，复购率也是关乎商品起爆的重要因素。复购率高，代表商品的使用周期短且需求量很大，这样的商品更容易打造成爆款。

（2）挖掘爆款商品要关注的核心指标

挖掘潜在的爆款商品，需要选品方重点关注主观及客观方面的核心指标。

第一，客观指标。

所谓客观指标，是指可以根据市场数据做出判断的因素，主要包括市场销量、客单价、产品所处阶段（包括站内外流量情况）、竞争环境和毛利润等。其中，需要特别注意的几个指标：

①SKU结构。通常，单个SKU会导致直接价格竞争，而多个SKU可以避免比价。不过，多个SKU的商品需要商家衡量自己的仓库是否有稳定发货的能力。

②商品标准化程度。在拼多多这样一个价格敏感型平台上，如果商品不够高度标准化，就只能通过降低价格来与其他商品区分开。同时，爆款商品意味着高销量，也需要标准化商品作为支撑。

③DSR（卖家详细评价）评分。在选择商品之前，一定要评估DSR评分对运营和销量的影响。DSR评分不仅会影响运营和销量，还会影响退货率和利润率。

④退货率。不同的商品退货率不同。对于依赖付费推广的商品来说，流量本身就是用钱买来的，如果退货率过高很容易亏本，而爆款商品如果退

货率较高，则损失会更大。因此，选品时应选择退货率相对较低的商品。拼多多平台退货率较高的品类主要有服装、家居用品、母婴用品等，退货率较低的商品主要有日常生活用品、厨房用品、家具用品、数码产品、健康保健品等。

第二，主观指标。

主观指标，是指需要基于一定的经验判断的因素，主要包括：

①目标消费人群。拼多多买家主要分布在下沉市场中。在选择商品时，要考虑买家的实际消费情况，不能以自己的消费习惯来判断买家的消费行为。

②季节性需求。季节性商品有机会也有挑战，在某个时间段内可能会有更多的销售机会，但同时竞争也更加激烈。

③需求真实性。现在拼多多平台上的商品的生命周期越来越短暂，商品更新越来越快。由于站外流量的推动，用户会冲动购买某些商品，比如因为一个视频火起来的商品。这些商品短期的销量会剧增，但往往是不持久的，反映的并不是真实的需求，后期销量往往也掉得很快。

④供应链壁垒。如果商家看好某个商品，想要进入这个领域，供应链和竞争对手是否存在壁垒非常重要。非标的、定制的商品壁垒比较强，需要工厂深度配合。

除了以上四个主观指标外，爆款商品的选择还需要考虑销量层级、运费敏感度等因素。

（3）打造爆款商品对商家的要求

爆款商品的打造，对商家能力要求比较高。

第一，资金。

爆品意味着订单量会非常大，大量的订单意味着大量的资金投入。打造爆款商品需要的资金包括但不限于商品成本、物流费用、人工成本和平台推广费用等。在打造爆品的过程中会有一段前期运营时间，这段时间属于冷启动，是每个商品都必须经历的，商家要做好心理准备。还有，要注意平台的回款时间。

第二，团队。

爆款商品的发掘和运营，考验的是商家团队的专业能力、协作能力与运营能力，但也不排除一些能力非常强的、单打独斗的个人店主，他们凭一己之力也能成功打造爆款商品。

第三，供应链。

爆款商品背后拼的是供应链能力，要充分考虑供应链（工厂、批发市场等）因素，确保商品缺货后能够及时补充，出现新款商品后能够及时生产、及时上新。同时，爆款商品考验的还有商家的发货能力、品控能力、出货能力、服务能力等，这些都决定了商家能否顺利打造爆款商品。

6. 商品定价的基本方法

拼多多以出售高性价比的商品著称，价格是影响成交的重要因素。用户的购买决策时间同商品价格成正比，商品的价格越低，用户的购买决策时间越短，越容易触发冲动型消费。

从用户的视角看，在拼多多买东西其实是想得到足够的实惠。我们经常听到一些店主抱怨："我们的商品价格已经很低了，已经给出了足够多的优惠，但是用户还是觉得不够低，还想我们进一步让利，难道还要继续降价吗？"

答案当然是未必。在拼多多卖货，不仅是价格战，更是心理战，不是靠一味的低价就能成功的，而应充分把控用户心理，进行合理的商品定价。

（1）商品定价的基本原则

拼多多商品定价要符合平台规则和调性，遵循以下原则：

第一，不要一味拼低价。

很多商家认为，在拼多多开店只有价格低才能生存，价格越低用户越喜欢，销量越高；同时，在同销售价格的基础上成本越低利润才会越高。这就导致商家越来越不重视商品品质，一味地缩减成本，最终商品品质降低，即使价格再低也没有任何销量。

在拼多多平台，不要一味拼低价、打价格战。

第二，定价要为活动留下余地。

拼多多报名活动有这样一条要求：提报价格必须保证是全网最低价（全网最低价指在淘宝、京东、聚划算、卷皮网、折800等主流电商平台上的最低价）。

建议商家在发布商品定价时给活动和折扣预留一点让利空间，不要一步定到最低价。

第三，基于店铺货品结构来定价。

店铺货品结构不同，制定的运营策略和预计的推广资金也会有所不同。例如商品可以分为引流款和利润款等，明确店铺货品结构再进行定价，更有助于商品销售的良性发展。

商品定价不仅需要考虑商品的成本，还需要考虑包装费用、破损成本（如生鲜食品会存在正常的破损率）、快递费用和日常开支（人工开支、租金等）。若有推广计划，则可以在定价时就考虑加入推广费用，为后续的推广保驾护航。

第四，遵守商品定价规则。

发布商品时，定价要做到市场价>单买价>拼单价。这个原则商家一定要遵守，不能触犯，否则会导致商品发布不成功。同时，在定位以上三个价格时要符合市场行情，价格差距要符合实际，不能过高或过低。

（2）商品定价的常见方法

拼多多商品的常见定价方法有：

第一，市场定价法。

即根据目标消费人群的需求和支付能力进行定价。商家可通过“多多情报通”—“行业价格动向”—“定价分析”，查看特定商品市场价格区间的销量和竞争度来进行定价。

第二，竞品定价法。

即紧跟竞争对手的定价策略进行定价。用户在下单前喜欢货比三家，在定价时我们也要货比三家，可以搜索同款商品或者相似款商品，列出近一周销量最好的五个商品的价格作为参考，选择最能凸显自身优势的定价。

第三，流量来源定价法。

根据商品流量的来源进行定价。拼多多流量来源主要有四种：

①付费流量（搜索推广、场景推广、短信营销等）。

②自然流量（关键词搜索、直接访问、老客回访等）。

③活动流量（首页活动、限时秒杀、品牌清仓、名品折扣、爱逛街、大促活动等）。

④其他流量（微信公众号推文、砍价免费拿、多多果园等）。

根据流量来源调整商品价格。举例来说，付费流量商品的定价要适当高一些，要将推广成本涵盖在内，确保利润空间。

第四，成本定价法。

成本定价法是最基本、最常用的定价方法。拼多多平台出售商品的成本，不仅包括进货成本、包装成本和快递成本，还包括人工成本、平台服务费、推广成本、其他成本等。在采用成本定价法时，一定要综合考虑各项成本。

成本定价法的参考公式为：

销售价格 = 所有成本价格 ×（1+期望利润率）。

第五，组合套餐定价法。

设置多种商品组合套餐，目的是让SKU呈现多样化（见图3-3），给用户多样的选择，增加用户下单的概率。

图 3–3　某羽毛球的销售价格套餐

第六，产品构成定价法。

店铺的商品通常分为引流款、爆款、利润款三类。按照“721”法则，70%的利润是由利润款产生的，爆款占据了20%的利润，剩下10%的利润是由引流款带来的。

基于以上情况，就可以对各类商品进行定价。

①引流款。主要目的是给店铺引流，引流款的定价相对于其他款要低，但可以利用好拼多多关联推荐位来提高整个店铺的客单价。

②爆款。爆款与引流款的不同在于其生命周期较为明显。爆款的定价很多时候会分时期，发展期的爆款要持续保持较高的性价比来冲高销量，定价会稍低；成熟期的爆款可以将价格上涨一些，以便在生命周期结束之前获得更多的利润。

③利润款。利润款不同于引流款，并不面向较广的受众群，却是店铺利润的主要来源。这类商品的定价可以适当高一些，可配合引流款及爆款做关联销售。

第四章

宝贝上架：商品发布与权重提升

拼多多平台对上架商品的数量没有明确的限制，商家可以根据自己的经营需求和实际情况，在平台上上传多个SKU，以区分不同款式、颜色、尺寸等属性的商品。但是需要注意，商家在上传商品时要遵守平台的相关规则，以免发布失败或遭到处罚。

1. 商品信息的完善与发布

发布商品有多种渠道，在电脑端拼多多商家后台、拼多多商家版App上，都可以发布商品。

商品发布前要完善的信息如下：

（1）轮播图

轮播图是商品的“门面”，同点击率息息相关。拼多多平台对轮播图的要求如下：

①宽、高均需大于480 px。

②大小在1 MB以内。

③数量限制在10张以内。

④图片格式仅支持JPG、PNG格式（经常有商家上传错误格式的图片被驳回，请一定留意）。

⑤主轮播图背景为纯白色（服饰除外），图片上不添加任何文字（因白底图不规范被驳回的商家也不在少数，可去拼多多课堂搜索“白底图”了解相关内容）。

⑥ 批量上传图片时，须等宽高且不小于480 px。

如何利用好轮播图？建议如下：

①把轮播图当作详情页，展示足够的商品信息。充分利用轮播图位置，尽量不空置。

②把重要卖点放在位置靠前的轮播图上，减少用户的购买决策时长。

③一张图片中不要堆砌太多卖点，尽量让用户第一时间抓住主要卖点。

（2）商品标题

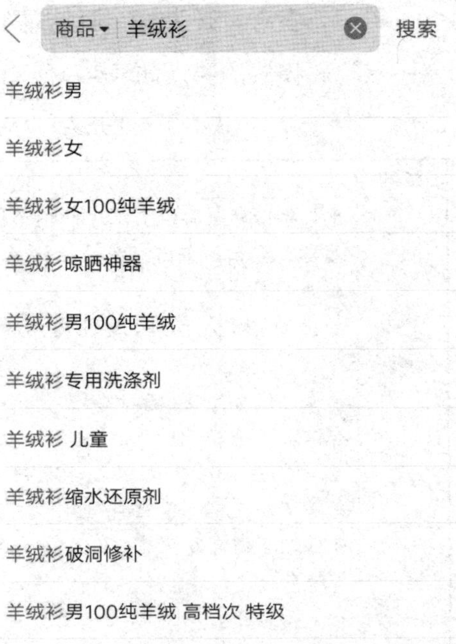

图 4-1　商品搜索下拉框词

好的商品标题不仅可以带来更多曝光，还可以切中目标用户，提升点击率。拟定商品标题时可借助以下方法和技巧。

第一，利用商品搜索下拉框提炼标题。

在拼多多App搜索栏，输入商品相关的关键词，系统会自动推荐下拉框词（见图4-1），这些词可以作为商品标题的参考。

第二，标题组合公式。

商品标题最多可填写30个汉字（60个字符），搜索页最多展示前14个汉字。常用标题组合公式有：

①品牌词+类目词+核心词+属性词。

②营销词+核心词+热搜词+卖点词。

③下拉框词+核心词+长尾词+冷门词。

下面简单介绍一下这些词。

类目词：例如女装、裤装、羊绒衫。

核心词：商品的核心关键词，比如羊绒衫，那么羊绒就算是核心词。

属性词：比如天然羊毛。

卖点词：比如柔软舒适、天然不刺激。

长尾词：比如吸湿透气、柔软亲肤。

冷门词：搜索较少，与商品相关性很高的词语。

营销词：如买一送一、下单送礼品等，但要确保真实。

第三，参考“开头+中间+结尾”的标题模式。

该标题模式的要点如表4-1所示。

表4-1　“开头+中间+结尾”标题模式的要点

结构	内容
开头	开头要借助一些吸引眼球的词语抓住用户兴趣，常用的开头技巧有以下四种： ①突出卖点：突出商品的独特卖点，例如“天然配方”“原生态产品”“农场直供”等。 ②提出问题：用问题激发用户的好奇心，例如“如何轻松解决××问题？”等。 ③强化优势：突出商品的优势和特点，例如“××品牌首发”“一站式解决所有需求”等。 ④数字化表达：使用数字来增加标题的吸引力，例如“3分钟打造完美妆容”“9.9元秒杀”等
中间	具体描述商品及售后服务，比如以下四种： ①特色描述：突出商品的特点和功能，例如“无线充电”“智能控制的××”。 ②直击需求：针对用户的需求进行描述，例如“满足宝宝成长所需的安全食品”等。 ③突出优惠：强调商品的价格和优惠活动，例如“仅需××元，立享超值折扣”“买一送一，限时特惠”等。 ④品质保障：强调品质和售后服务，例如“正品保证”“7天无理由退换货”等
结尾	行动呼吁或互动式内容，比如以下两种： ①限时促销：营造紧迫感，例如“仅剩5小时，立即购买享受优惠”“库存有限，先到先得”等。 ②引导互动：引导用户参与互动，例如“评论即有机会获得神秘礼品”“转发到朋友圈，可享额外折扣”等

（3）商品属性

详细和准确的商品属性描述可以提高搜索权重，将商品更精准地推荐给目标消费人群，提高转化率。描写商品属性要注意：

第一，商品属性要尽可能写全、写准确。这样不仅可以增加精准流量，还有利于活动报名。

第二，商品的生产日期、保质期等信息是必填项目，要注意发出商品的日期与所填日期是否相符，避免售后问题。

（4）商品描述

商品描述要精炼，建议在300字左右，最好不要超过500字。注意不要在商品描述图片（包括主图、SKU图、轮播图、详情图等）中发布外部平台联系方式，如电话号码、微信号、二维码、QQ号、旺旺号、其他平台店铺名、其他平台网址、第三方平台账号等涉嫌诱导第三方交易的信息。

（5）商品详情页

好的商品详情页可以增强用户的下单欲望，提高转化率。设计商品详情页的要点如下：

第一，展示内容以展示用户痛点为宗旨，用户关心什么就展示什么。

第二，要根据用户的浏览习惯布置图片顺序，建议按首页主屏→卖点→产品展示（功能、信息、场景图等）的顺序设置。

第三，可以考虑放置优秀买家秀，消除用户顾虑，获取用户信任。

如果没有编辑商品详情页，商品发布后，系统会将轮播图自动填充至商品详情页。

（6）运费模板

运费模板可进入拼多多商家后台，在“发货管理”—“物流工具”—“运费模板”中进行新模板设置。

点击“常用地区”，则默认除了偏远地区不包邮外，其他地区全部包邮。目前拼多多只支持偏远地区付费配送（偏远地区是指宁夏、西藏、青海、内蒙古、海南、新疆、甘肃），其他地区包邮配送或者不配送。

商品发布时，还有其他一些简单的信息（商品分类、价格、编码、库存、服务信息等），根据实情填写即可。所有信息填写完毕后，就可以提交并上架商品。

2. 食品生鲜类商品上架的特殊要求

目前，拼多多商品一共有十二大类目，其中食品保健、水果生鲜类属于特殊类目。拼多多对销售食品生鲜类的商家入驻和商品上架都有特殊要求。

（1）商家入驻

如果主营类目为食品保健，则必须上传食品经营许可证（或食品流通许可证）；若经营酒类且提供的食品经营许可证中的经营范围不包含酒类，则需额外提供酒类流通备案登记表（或声明书）。

（2）店铺保证金

经营水果生鲜类商品的新商家入驻拼多多平台后，除了需要交纳1000元的基础店铺保证金外，还需交纳特殊店铺保证金，金额视具体情况而定。

（3）商品上架的特殊要求

食品生鲜类商品上架的具体要求如下：

第一，食品。

所有经营食品类商品的商家上架商品时均需在商品描述中写明生产日期和保质期，否则不能上架。另外，需写上规格（以g、kg、ml或粒、罐等为标识）。若商品有不同口味，商品口味也需写在商品描述中。

例如，“生产日期：2024年2月5日。保质期：3个月”。

第二，水果、蔬菜。

水果、蔬菜的商品标题均需以“坏果包赔”开头或“坏了包赔”结尾。另外，商品规格需注明单果重（g/kg/斤）或果径（mm/cm）。

例如，智利进口车厘子、特大果、新鲜大樱桃、黑珍珠、孕妇水果、整箱原箱批发价、坏了包赔（见图4-2）；山东沾化冬枣、新鲜脆甜、大枣子、当季、孕妇新鲜水果、鲜红枣、坏了包赔。

第三，进口生肉/肉制品。

进口的牛排、羊排等生肉/肉制品，如果在中国经过任何加工操作，均需以“产地：中国”开头。

例如，产地：中国、选用南美进口优质牛肉原材料、经48小时冻风排酸、牛肉经冷藏后肉质更细嫩。

第四，生鲜大闸蟹。

所有大闸蟹商品，必须在商品标题开头写“缺重包赔”。在商品轮播图第二张、详情图第一张中，需加上“缺重包赔”服务说明。缺重包赔轮播图和详情图模板请到帮助中心下载，否则不能通过审核。

例如，缺重包赔、超大鲜活大闸蟹、10只或6只、螃蟹礼盒、阳澄王蟹优选、坏了包赔（见图4-3）。

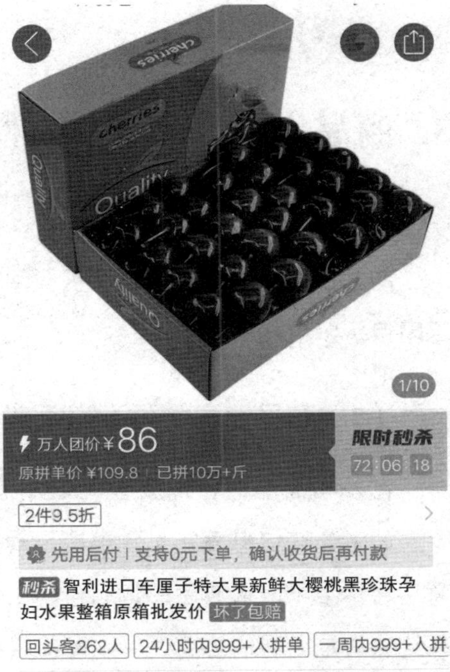

图 4-2 水果商品标题中的“坏了包赔”

图 4-3 大闸蟹商品标题中的“缺重包赔”

3. 商品发布失败的几种原因

商家上架商品时有可能会被驳回，导致商品发布失败。商品发布失败的原因包括以下几种：

（1）商品信息填写不完整或不规范

在发布商品时，需要填写很多信息，如商品名称、价格、库存、运费等。如果这些信息填写不完整或不规范，有可能导致商品发布失败。另外，商品名称中不能含有敏感词，价格、库存等信息必须填写正确，否则就会被系统认为是错误的信息而导致商品发布失败。

在发布商品时，一定要认真填写每一项信息，确保信息的准确性和规范性。商家在填写商品信息时，需要认真对待每一个必填项，仔细检查商品信息是否填写完整、准确，确保填写无误。同时，要注意避免敏感词汇，以免被系统认为是违规信息而导致商品发布失败。

（2）商品描述不符合要求

商品描述需要清晰、详细、准确，如果描述不符合要求，会导致商品发布失败。

如果是因为商品描述内容违规导致商品发布失败，商家需要重新修改商品描述内容，确保商品描述内容符合拼多多的要求。商家可以借助一些文案编辑工具来修改商品描述内容。

（3）图片上传不规范

上架商品时，上传图片是必不可少的一步。如果上传的图片不规范，会导致商品发布失败。比如图片不清晰、不符合规格、大小不合适等，都会导致商品发布失败。

在上传图片时，一定要注意平台要求和相应规范，图片的尺寸、像素、格式等方面都要符合要求，可以选择高清晰度的图片，尽量避免出现图片模糊的情况。

（4）商品违规

如果商品本身违反了拼多多的规定，也会导致商品发布失败。比如，商品含有违禁品、侵权内容，或者涉及虚假宣传等，都会被认为是违规行为而导致商品发布失败。

在发布商品时，一定要遵守平台规定，不要发布违禁品、侵权内容等，确保商品信息真实可靠，避免虚假宣传。

（5）类目选择错误

上架商品时，商家需要选择商品所属的类目。如果商家选择的类目不正确，就会导致商品发布失败。在类目选择时，商家需要仔细查看拼多多的类目规则，如果不确定选择哪个类目，可以咨询拼多多的客服人员。

（6）商品价格设置不合理

商家在设置商品价格时，需要考虑市场行情和竞争对手的价格，价格设置过高或过低，都会导致商品发布失败。

所以，商家需要考虑定价方面的问题，合理设置商品价格，避免设置过高或过低。

（7）账号异常

如果商家的拼多多账号出现异常，如账号被封禁、账号信息不完整，也会导致商品发布失败。在发布商品前，一定要确保自己的账号是正常的。如果账号出现异常，要及时处理，以免影响商品的发布。

（8）商品要素不一致

商品要素指的是商品详情页展示在平台上的所有信息，包括商品的类目、类型、价格、品牌、运费等。商品要素不一致包括商品类目不一致、类型不一致、价格不一致、品牌不一致、信息不一致、店铺资质和售卖品牌不一致、商品信息与实际不符等。

发布商品之前，要确保商品要素一致，避免被驳回。

（9）包含广告信息

发布违规广告信息是指商家在商品或店铺页面发布不以成交为目的的商品或信息。比如，发布以批发、代理、招商、回收、置换、求购为目的的商品或信息，以及发布易导致交易风险的外部网站的商品或信息。

在发布商品时，要避免以上广告行为，以免影响商品的发布。

（10）重复铺货

重复铺货是指商家发布的商品存在重复，即同一店铺发布的两个及以上商品ID或商品链接中的商品属同款商品。重复铺货式开店，即商家开设两家及以上店铺且出售相同的商品。

（11）发布规避信息

所谓发布规避信息，是指商家通过各种方式规避平台要求发布商品或信息。

例如，发布货到付款、定金、返现、抽奖、补差价、邮费专拍等商品，同一个链接进行换商品操作，发布价格严重偏离实际的商品，利用低价SKU引流，发布异常大面额优惠券。

以上情形在发布商品时要予以规避。

4. 规避商品发布中的违规行为

商家在拼多多开店，无不希望尽快发布商品，尽可能多地吸引流量，带来较高的转化率。其中，有部分商家剑走偏锋，游走在规则的边缘，有意或无意地挑战平台的规则，在商品发布过程中做出一些违规行为。这些行为只要被平台识别、发现，就会招来处罚，得不偿失。

（1）发布规避信息

在拼多多开店就要遵守拼多多平台的规则，但有些商家为了达到推广的效果或者引流的目的，会发布规避信息来达到不违规的效果。

发布规避信息包括但不限于下列情形：

第一，利用低价SKU引流。即滥用SKU设置，刻意规避平台商品发布规则及其他相关规则，在同一商品ID或商品链接中放置低价SKU引流的行为。

①不同品类或品牌的商品放置在同一个商品ID或商品链接中售卖。

②不同材质、不同规格等属性对应价格不同的商品放置在同一个商品ID或商品链接中售卖。

③将价格差距较大的常规商品和商品配件放置在同一个商品ID或商品链接中售卖。

④将不存在的SKU（指这个SKU的商品实际并不存在，如价格为0.1元标示“拍错不发货”的SKU）与常规的SKU放置在一个商品ID或商品链接中售卖。

⑤将常规商品和非常规商品（如二手商品、样机、模型机、瑕疵品、单只鞋等）放置在同一个商品ID或商品链接中售卖。

第二，发布价格明显高于同一时间段平台内或者其他渠道的同款商品

价格的商品，或发布价格严重偏离实际价格的商品（即从商品的信息层面判断，商家发布的商品价格与该商品的实际价格严重不符）。

第三，以非常规的数量单位发布商品。

第四，通过编辑商品类目、品牌、型号等关键属性使其成为另一款商品。

第五，发布货到付款商品，即以“货到付款”“到付”等字样进行描述，不直接收取货款，商品送达买家后，由快递公司代为收取或者商家私下收取货款的商品。

第六，发布预付款或定金商品，即以“押金”“订金”“定金”“预付款”等字样进行描述，未明确约定具体支付和返还条件，需要用户预先支付部分款项的商品。

第七，违规设置邮费到付、起售条件、非偏远地区设置包邮门槛的商品。

第八，发布补差价商品，即以“补差价”字样进行描述，非实物，无法提供物流等信息的商品。

第九，发布抽奖商品，即以“随机抽取”“抽奖”“随机发”“福袋”等字样进行描述，具备博彩性质的商品。

在拼多多上发布了规避信息后，一旦被平台发现，一般的处罚是限流降权，情节不严重的话，过几天就会自动恢复；但如果情节比较严重，就需要商家及时解决问题，不然有的处罚会一直存在。

（2）发布混淆信息

发布混淆信息是指商家在商品页面发布与本商品无关且容易引起用户误会的品牌信息，包括但不限于错别字、拼音、特殊符号等。例如，商家发布的商品的品牌是法国欧莱雅（未注册成商标），英文是“LOERAL”，而巴黎欧莱雅的商标英文是“LOREAL”，此信息容易误导用户，产生纠纷。

第一，发布混淆信息的违规行为。

拼多多禁止发布混淆信息，具体的违规行为包括但不限于：

①发布二手商品时未如实、正确选择二手商品属性及商品类目。

②发布“山寨”商品，即发布标题、图片、属性或详情描述中使用他人品牌的图形变异或品牌变形词、衍生词，与他人品牌相似的商品包装、装潢。

③存在“蹭品牌”行为，即发布标题、图片、属性或详情描述中使用他人已注册商标或他人享有知识产权的标识标志、作品。

第二，处理措施。

如商家违反上述要求发布混淆信息，拼多多有权依据平台协议、《拼多多滥发信息处理规则》、《拼多多假货处理规则》等规定对商家采取以下处理措施：

①对违规商品采取下架、禁售等措施。

②对已成交的违规商品订单操作关闭交易并退款。

③店铺禁止上新、禁止上架。

④限制店铺资金提现。

⑤扣除保证金1000元。

⑥平台认为有必要的其他处理措施。

因此，无论是为了保证商品的正常发布，还是为了确保店铺的正常经营，都要及时规避上述违规行为，以免带来不必要的麻烦和损失。

5. 对已上架商品进行测款

新发布的商品，市场表现如何存在未知，有可能畅销，也有可能卖不动。那些点击率低、转化率低的商品，是对资源的巨大占用和浪费。

很多时候，商家自我感觉良好的商品，不一定是市场认可的商品，一味地操作就进入了无流量、无成交的死循环。

在新品上架初期，一定要进行测款。对于款式不好或者测试数据不佳的商品，要及时予以优化。如果在优化之后表现仍然欠佳的商品就要及时放弃，做下架处理。

测款的作用主要体现在三个方面：

一是，通过有效的测款，可以降低经营风险，砍掉在测款过程中反响平平的商品，避免投资打水漂。

二是，依据测款数据，对店铺商品做更有效的布局，比如分主推款和普通款等，针对不同款制定不同的营销策略，实现预算的最优化利用。

三是，根据不同款的布局和数据情况来预估未来销售情况，有针对性地准备库存，实现库存优化。

不过，新商品刚上架时如果没有基础销量，不建议进行测款。那些有一定销量且有评价的商品，最适合进行测款。

（1）测款的常用方法

推荐几种常用的测款方法：

第一，拼多多直通车测款。

拼多多直通车是推广拼多多店铺商品使用的一种推广工具。

拼多多商家可以通过设置拼多多直通车关键词出价和拼多多商品出价参

与竞价排名，在拼多多的类目频道首页和搜索结果页获得靠前的位置，使商品被更多的用户看到，这也能为店铺的其他商品增加展示的机会。

拼多多直通车测款要注意关键词的选择、投放的时间、图片创意以及点击转化率。在进行拼多多直通车测款的时候，如果某个商品的点击量不错、用户询单情况不少，就意味着这款商品有不错的表现，甚至有爆款潜力。

商家在使用拼多多直通车推广的过程中要注意监控商品的排名，随时对商品运营做出灵活的调整。也可以借助一些工具进行数据分析，比如多多昇华，能够从类目到关键词系统记录各个商品的排名情况，帮助商家了解市场行情，找准自己的位置，做到精准测款与定价。

第二，活动测款。

拼多多平台上有很多活动，商家可以通过报名参加新品推荐和限时秒杀进行测款。前者没有销量要求，每天都能报一款商品。报名活动后主要看点击转化率，如果转化率较高（相对同类品平均水平），则说明该商品表现不错。

第三，老用户测款。

如果商家已经拥有稳定的用户群就可以用这种方法，给老用户一些优惠的价格，再加些评价、晒图即可，还能提高店铺DSR评分。

商家还可以用多多辅助宝来查询店铺信息，如商品销售量、人气指数等，通过大数据对店内的商品销售情况进行详尽的分析，能更深入地了解并发现自身店铺存在的问题，方便对症下药。

（2）测款重点关注的数据

测款要着重关注参与商品的点击率、收藏率、转化率三个数据。

第一，点击率。

主要是对比所选择的关键词的市场平均点击率。

可以进入商家后台，找到“推广中心”—“推广工具”—“搜索词分析”—“搜索词查询”，输入相对应的和商品有关的主推关键词。可以查看关键词近3天、近7天、近30天的点击率情况，和自己计划里面的关键词的点击率做对比。

前期测款可选择3～5种商品进行测试，只要高于行业平均点击率，商品就可以保留，并持续观察。

通常，表现良好的商品一周的点击量要在100次以上，最好超过200次。

第二，收藏率。

收藏率意味着用户喜欢并存在潜在成交的可能性。通常，点击率高于同行均值以上的商品，收藏率10%以上为潜力款、15%以上为潜力爆款。

进入商家后台，找到“数据中心”—“商品数据”—“商品明细”，选择商品收藏用户数除访客，可以得到商品的收藏率。

第三，转化率。

拼多多的正常转化率会受到多种因素的影响，包括商品类型、行业竞争程度、店铺品牌知名度、产品价格等。一般而言，拼多多的正常转化率可以在1%～10%之间，具体数字会因不同行业和产品的特性而有所不同。

转化率的计算公式为：（产生购买行为的用户人数÷所有到达店铺的访客人数）×100%。可以拿现有的测款数据与行业同类产品平均转化率做比较，转化率越高越好。

6. 如何提高商品的权重

权重是无形的，可分为店铺权重和单品权重。

单品权重，是商品的综合质量得分。权重会影响商品的排名和展现，以及流量的分配，也可以将权重理解为商品的排名。

权重越高，排名越高，展现越多，流量越大。举例来说，如果某个商品突然出现在搜索结果的第一页，一天内流量增长了10倍，其实就是商品权重提高了。这说明它的各项指标都符合平台要求，被系统“看中”，得到了更好的展现机会和更多的流量，同时也意味着更高的转化率和成交机会。

如何提高商品权重？商品发布前、发布中、发布后的每一个环节都要注意，都有优化机会。

（1）商品发布前的优化

商品上架前的优化，主要表现为对商品详情页内容的优化。

第一，优化标题。

标题是吸引用户点击的关键。标题要简洁明了，包含关键词，让用户一眼就能识别出商品是什么。如果关键词过少或词不达意，会被系统认为商品标题相关度不高，导致权重降低。

另外，可以在标题中加入一些吸引人的词语，比如“限时抢购”“超值优惠”等，吸引更多用户点击。

第二，优化商品属性。

优化商品属性就是给商品贴标签。标签是平台和用户了解商品的重要途径，用户对商品了解得越多，购买意愿才会越强烈。平台要考量商品的流量利用率，也会看商品属性是否完整。优化商品属性能够给商品加权，有效提升排名。

第三，选择正确的类目。

商品选错类目会导致流量减少，曝光机会和人群标签也会受到影响。如何确认自己的商品类目是正确的？选择最符合商品名称的类目，输入商品名称的核心词，会显示相应的类目。例如，“女装/女士精品>>上衣>>T恤”和“运动服/休闲服>>运动上衣>>运动T恤”这两个类目，有些商品都适用，但是从市场容量和市场竞争来看，“女装/女士精品>>上衣>>T恤”是个大类目，“运动服/休闲服>>运动上衣>>运动T恤”则是个小类目。

商家选择后者竞争更小，商品整体曝光的可能性更大，但用户在搜索“女装/女士精品”这一类目下的商品时，其被系统推荐的概率会变小。

选择哪个类目进行发布，商家一定要做好综合考虑。

第四，商品价格。

虽说拼多多平台主打的是高性价比商品，但是商家不能将商品价格定得过低。如果商品的价格过低，会影响商品的权重，进而会影响排名。

（2）商品发布中的优化

如何上架、何时上架商品，是很有讲究的，也会对商品权重和流量分配产生较大影响。比如，季节性商品如果上架时机不对，就很难有流量，权重也不会高。

商品上架，要注意做到：

第一，错峰上架。

如果在高峰期上架商品，大商家会有明显优势，而小商家很难同大商家硬碰硬。因此，新手商家可以选择错峰发布商品。例如，选择在高峰期前上架，虽然曝光度没那么高，但不会被竞争对手打压到喘不过气。

第二，注意时间卡位。

卡位主要是卡资源位和展现位。如果准备做大促活动，就要提前准备好新款上架，加上适当的推广，争取更多流量，增加商品权重。

第三，同类商品分批次上架。

上架的商品尽量不要在同一天完成，否则会使店铺权重忽高忽低，也会影响到单品的权重。对此，需要做好商品上架的整体布局，同类商品要分批次上架。比如，一共有15个商品要上架，可以第一天上架5个，第二天继续上架5个，以此类推。建议在下午6:00至晚上11:00这个黄金时段上架，最好是每天定时上新，让用户知道上架时间，他们有兴趣就会定时来店铺查看新款。

（3）商品发布后的优化

商品发布后，也要随时做好各项维护工作，监察各类数据，随时优化商品，提升权重。比如：

如果商品没有点击率，就要做推广、做好主图。

如果商品收藏率很低，就需要尝试优化促销方案。

如果用户停留时间短，就要看商品的详情页和促销方案是否出现了问题。

如果用户抱怨回复率不达标，就要及时改进，及时回复。因为回复率是影响商品权重的一个重要因素。

如果转化率低，就要看看商品是不是没有优势。

如果评价很少，就要看看如何才能带动用户评论、晒图。

第五章

店铺运营：爆款内功与运营策略

现在做拼多多还来得及吗？在拼多多开店能赚钱吗？

答案是肯定的，但前提是商家要具备一定的店铺运营能力。同样的电商平台，为什么有的店铺能够做得风生水起，既赚了人气，又赚了利润；而有的店铺在经营上则乏善可陈、半死不活？导致二者区别的关键，在于商家内功和店铺运营策略的不同。

1. 如何提升店铺权重

拼多多店铺权重也称店铺关注度，是指拼多多店铺及其商品的各项数据指标经过综合评估后得到的综合评分。该评分决定了店铺和商品的排名和展示机会。

拼多多通过算法来衡量店铺权重，包括买家评价、成交量、退货率、发货速度等多个维度，并以此判断一家店铺在拼多多平台上的优劣。

（1）权重的种类

权重是一家店铺在拼多多平台上的影响力和用户信任程度。权重的高低直接影响店铺的流量和订单量。

权重分为店铺权重和单品权重，店铺权重的类别又包含以下内容（见表5-1）。

表5-1 店铺权重的类别

类别	描述
类目权重	类目权重根据店铺的成交情况来计算，周期一般计算为一个月。店铺经营类目过多，通常会导致权重不稳定
自然搜索权重	根据店铺商品的搜索量、访客量、点击率、咨询量、客服回复量和回复率、转化率、销量和售后服务等因素进行确定
场景权重	主要受商品质量分的影响。商品质量分的影响因素包括商品的点击率、销量、转化率等。可以通过使用多个创意图进行测试，找出点击率最高的创意图，进而提升场景权重
搜索推广权重	搜索推广具有更精准的流量和更高的点击率和转化率。关键词质量分对搜索推广也有影响，关键词的点击率越高，商品质量分越高
活动权重	提高商品的销量和类目排名可以通过搜索推广来实现，从而达到参与活动的门槛，获取免费流量并在活动中表现出色，进一步提高店铺权重

（2）影响店铺权重的因素

影响店铺权重的因素包括以下内容（见表5-2）。

表5-2　影响店铺权重的因素

因素	描述
店铺数据	包括3分钟人工回复率、30天投诉率、物流服务异常率、品质退款率、纠纷退款率等
评分数据	店铺评分越高，展现机会越多，店铺权重越高
处罚情况	店铺存在虚假发货、低价引流、商品描述不符等情况会影响店铺权重
商品展示	包括商品标题、关键词、主图、详情图片、价格、属性等
商品数据	包括上架时间、收藏率、转化率、销量等

（3）如何查看店铺权重

店铺权重的查询渠道主要有三种：

第一，官方工具查询。

商家可以登录拼多多商家后台，在“店铺管理”—“店铺信息”中查看店铺权重，这里可以看到店铺评价分、商品质量分、服务体验分等信息。

第二，通过第三方平台查询。

商家可以通过第三方智能权重查询工具查询店铺权重，比如小站宝、爱站网等，同时还能够查看店铺的排名情况、流量来源等重要数据。

第三，通过拼多多搜索查询。

在拼多多平台上，用户可以通过关键字搜索一个商品，然后筛选出店铺，点击进入店铺页面，就可以看到该店铺的综合评价等详细数据，从而判断该店铺的权重。这种查询渠道适用于查询竞争对手店铺的信息。

（4）如何提升店铺权重

店铺权重是衡量店铺运营效果的重要标准。提高店铺权重是店铺日常运营工作的一个重要方向，可以从以下几个方面入手：

第一，打造良好的店铺形象。

设计专业、吸引人的店铺页面，提高用户体验。制作店铺海报、视频等宣传材料，提高店铺吸引力。

第二，提高店铺活跃度，参与促销活动。

提高店铺的活跃度，增加用户互动。参与平台的促销活动，提高店铺曝光度。

第三，不断创新商品。

研究市场需求和用户心理，不断创新商品，提供独特或有特色的商品，吸引用户。

第四，借助社交媒体和内容营销。

利用社交媒体和内容营销进行宣传和推广，与用户互动，提高品牌知名度。

第五，适当做付费推广。

适当使用拼多多的付费推广和广告服务，增加商品的曝光度。同时，针对目标用户群体进行精准投放，提升广告效果。

第六，提升店铺运营数据。

提升店铺运营数据主要包括以下内容：

①提高点击率。可以通过做好推广、优化主图和详情页等方式来增加商品点击量。

②提高收藏率。可以尝试优化促销方案，吸引用户收藏商品。

③增加用户停留时间。检查商品的详情页和促销方案是否存在问题，吸引用户停留更长的时间。

④提高转化率。检查商品是否具有竞争优势，优化商品的销售策略，增加商品对用户的吸引力。

⑤增加好评数量。引导用户进行评价，提高好评率和店铺信誉度。

⑥提供优质的售后服务。及时回复用户问题，解决用户投诉。建立完善的售后体系，包括退换货规则、退款规则等。

2. 店铺数据化运营与数据分析

大数据时代，一切都有迹可循，做拼多多电商也是如此。如何借助数据赋能店铺运营，是每一个拼多多商家都要认真考虑的问题。

数据化运营，是大数据时代店铺运营的重要指导。进行店铺运营的任何活动，都必须以数据为支撑和指导，具备数据化思维，进行数据化运营。

所谓数据化运营，是指及时对经营数据进行有效的管理和分析，发现经营过程中存在问题的环节，采取有效的改进措施来完善店铺的经营策略。拼多多商家无论是选择店铺商品，还是进行店铺的日常运营与维护，都离不开数据的指导。数据化运营是店铺运营过程中的一种重要手段，不仅能让店铺经营更加科学，给店铺带来可观的效益，还能让店铺经营迈上新台阶，实现可持续经营与发展。

想要做好数据化运营，商家必须具备相应的数据整理、统计和分析能力，掌握数据化运营的基础方法。

（1）店铺运营的关键数据

在店铺的日常运营中，需要监控的数据有很多，商家可根据自身情况对其中的关键数据（见表5-3）进行检测与分析，用来指导、改善日常运营。

表5-3 店铺运营的关键数据

类别	详情
店铺数据	①成长层级。根据店铺近30天的交易额、店铺领航员，综合评估得出店铺所处的成长层级。 ②店铺综合体验星级。以领航员综合分为数据基础，同时结合店铺活跃度、行业特色服务（特色服务要求根据行业特色调整），形成店铺综合体验星级。 ③店铺领航员。店铺领航员为衡量店铺服务能力的综合性指标，涵盖售后服务、商品品质、物流服务、店铺交易、店铺活跃等多个维度，为店铺综合体验星级提供基础数据，也是商家报名参加大部分活动的重要指标。 ④店铺DSR评分。近90天内用户给店铺的动态评分。近90天有效评价数低于50条时，不显示评分数据。 ⑤用户服务体验分。根据近90天用户反馈的问题来综合评估商家长期服务水平。同时关注近期用户问题，如近期服务恶化可能触发预警或处罚
商品数据	①商品访客数。在统计周期内，该店铺内所有商品详情页的被访问去重人数。如果一个人在统计范围内访问多次，仅计算一次。 ②商品浏览量。在统计周期内，该店铺内所有商品详情页的被访问累加人次。如果一个人在统计范围内访问多次，则计算多次。 ③商品成交件数。在统计周期内，该店铺内所有商品的成交总件数。 ④被访问商品数。在统计周期内，该店铺内所有被访问过商品详情页的商品去重总数量。 ⑤商品收藏总数。在统计周期内，该店铺上架商品的收藏总数量，不考虑取消收藏的情况
客服数据	①3分钟人工回复率：（咨询人数 − 3分钟未人工回复累计）/咨询人数（注意：仅计算8:00—23:00的咨询。如果用户有任意一条消息超过3分钟未获人工回复，则将该用户计入3分钟未人工回复累计）。 ②平均人工响应时长：8:00—23:00，从用户发消息到商家客服人工回复，用户所等待的平均时长。 ③询单转化率：最终成交人数/询单人数。其中，最终成交人数是指当日询单，三日内下单并成交且有订单绩效的用户人数。 ④客服销售额：当日询单的用户在三日内下单并成交的订单总金额

续表

类别	详情
交易数据	①支付金额：在统计周期内，该店铺支付订单的总金额，包含用户实际支付和使用平台优惠券的总金额，未剔除售后订单。 ②支付用户数：在统计周期内，该店铺所有支付用户的去重人数。如果一个用户多次支付，仅计一人。 ③支付客单价：在统计周期内，店铺支付总金额/支付用户数（去重），即平均每个支付用户的支付金额。 ④支付转化率：在统计周期内，支付用户数/店铺访客数，即店铺访客转化为支付用户的比例。 ⑤支付订单数：在统计周期内，该店铺所有已支付订单的总数量
售后数据	①成功退款金额：在统计周期内，该店铺成功退款订单的实际退款总金额，非申请退款金额。 ②成功退款订单数：在统计周期内，该店铺成功退款的订单总数量。 ③平台介入率：近30天有平台介入的订单数量/近30天全部成交的订单数量。 ④成功退款率：近30天退款成功的订单数量/近30天已成交的订单数量。 ⑤平均退款时长：在统计周期内，该店铺所有退款成功的订单的平均退款时长

（2）合理利用数据分析工具

数据分析是电商运营中最重要的构成部分之一。通过分析用户行为、购买路径和交易记录等信息，可以预测用户需求和行为，进而对商品选择、价格调整、促销策略等方面进行优化。拼多多商家不仅可以使用商家后台提供的分析数据，还可借助一些数据分析工具（见表5-4），进行更深入和更精准的数据分析，深入了解用户需求和行为模式，形成更为精确的市场定位和营销策略。

表5-4　数据分析工具

工具	介绍
多多查	涵盖监控分析、关键词分析、商品分析、类目分析、活动分析、流量来源分析六大功能，功能齐全。多多查可以查看商品、店铺的排名和商品id，能够在搜索页直接分析竞争对手店铺的商品，提供店铺浏览搜索页中的数据，支持一键导出详细数据

续表

工具	介绍
多多情报通	可提供商品市场、商品销量、价格分布、物流监控、差评监控、关键词优化、商品排名等多个维度的数据分析服务，辅助商家开店、测款、运营店铺
店透视	店透视是一款可深度分析竞争对手数据的浏览器插件，涵盖实时查排名、SKU销量分析、店铺上新监控、商品详情页数据分析、买家标签透视等多个功能。相较于多多查，店透视的大部分功能都是免费的，并且数据分析更加智能、简洁明了
多多雷达	包括监控竞争对手店铺运营数据、关键词查排名、店铺销售日报、流量构成分析、引流关键词分析等功能。多多雷达的特点是稳定、精准，可以帮助商家监控竞争对手店铺数据，做竞品分析方面的工作

3. 如何提升店铺的DSR评分

在拼多多，DSR评分是衡量商家服务质量和用户满意度的重要指标之一。DSR评分是指近90天内用户给店铺的动态评分，包括描述相符、服务态度、物流速度三方面。

第一，描述相符。

商家的商品描述与实际相符合，没有夸大宣传或虚假宣传。

第二，服务态度。

商家提供热情、及时、专业的售前和售后服务，回答用户的问题并解决。

第三，物流速度。

商家及时发货，物流配送迅速，保证用户能够尽快收到商品。

通常，DSR评分要在4.8分以上，才被认为合格。

DSR评分越高，店铺权重越高，可以提升店铺的信誉度和销售额。提高店铺的DSR评分是商家提升业绩和销量的重要策略之一，可以从以下三个方面入手。

（1）如实描述商品

用户对商品不满，往往是由于商品描述与实际不符，导致没有达到用户的预期，比如商品的面料、材质、色彩、做工、尺寸、重量等方面和商品详情页展示的不一样。

改进方法包括：

第一，确保如实描述商品。

在上架商品前，要确认商品描述和实际一致，例如衣服的尺码和详情页的尺码吻合、图片颜色接近实物颜色等，避免用户收到衣服后因尺码不符或者色差过大，给予差评，影响DSR评分。

第二，详细描述商品。

对商品做出完整、全面的描述。把商品的材质、特点、使用方法、注意事项都详细地写出来，有助于增强用户对商品的了解。

第三，通过商品评价、反馈，整理商品本身的问题，找出主要的问题点，对症下药。

找出评价中最容易得低分的SKU或者某款商品，寻找可能的原因，比如商品与图片是否存在严重色差、尺码是否标准等。对存在问题的商品或者详情页面进行改良；如果不能改良，则下架差评较多的SKU或商品。

第四，及时更新商品描述。

商品有任何更新，都要及时调整商品详情页的文字和图片介绍，确保各个页面对商品的描述是一致的，不要出现相互矛盾的情况。

（2）提供优质服务

用户对店铺服务的不满之处主要表现在服务态度差、服务人员不专业、响应速度慢等方面，要有针对性地进行改进，为用户提供优质服务。

第一，强化对客服的上岗培训。

首先，客服要重点了解拼多多平台规则，避免违规，比如平台是如何考核商家客服、平台坚决禁止的行为有哪些等。其次，客服对店铺商品要有足够的了解。用户找到客服肯定就会问一些关于商品的问题，比如材质、保质期、尺码等，如果客服对商品了解得很详细，就能在最短的时间内解决用户的疑问，让用户感觉靠谱、专业。最后，客服不仅要了解商品的基础知识，还要在服务中学会包装商品，把商品的卖点和用户的需求联系在一起，传达给用户，让商品更有吸引力，让用户更有购买的欲望。

第二，提供优质的售前和售后服务。

及时回答用户的问题，提供专业的建议和帮助。在交易过程中，保持良好的沟通态度，解决用户的问题和疑虑。及时为用户解决售后问题，不敷衍、不推诿。如果商品有破损，可以安排补寄。回复用户的时候，态度友好，告知合理的处理方案。

第三，及时响应用户提问。

如果人工客服暂时不在线，要设置自动回复，及时给用户反馈；人工客服就位后一定要及时回复，避免用户流失。

第四，建立服务考核机制。

将客服工作指标量化，比如加入客服咨询响应时间的统计和考核。建立标准的话术接待流程，对聊天记录进行不定期抽查，检验客服是否按照流程接待用户。

第五，找到中差评反馈订单，查询对应聊天记录，分析具体原因（回复速度、服务态度、售后处理等）。

如果是回复速度较慢，需要分析客服专业度、管理方式、咨询量，找出根本原因；如果是服务态度差，需要分析客服性格、客服语气是否轻快以及采取客服激励措施。

（3）改进物流服务体验

物流环节很容易招来用户的差评，比如发货时效太低、快递时间过长、不提供送货上门服务等。

改进物流服务体验的措施主要有：

第一，尽量缩短发货时间，选择可靠的物流合作伙伴，确保商品能够按时送达用户手中。

及时更新物流信息，让用户能够准确了解商品的配送情况。

第二，找到中差评订单。

如果中差评订单集中在部分款式/时段，说明是预售或者缺货等情况导致的；如果中差评订单分布比较平均，说明是整体发货时效太低或者快递服务较差。

第三，针对预售或者缺货情况，计算这些订单的实际发货时间，优化供应链，减少用户等待时间。

4. 如何提升店铺综合体验星级

店铺综合体验星级是以店铺领航员数据为基础，结合店铺特色服务等维度（如退货包运费、坏果包赔等），形成的店铺综合服务能力星级。它是拼多多平台对商家店铺经营情况的考核和评价结果，主要根据店铺的成交量、用户评价、售后服务等因素得出。该星级在拼多多App的商品详情页和店铺详情页（见图5-1）等展示给用户，帮助用户做出购买决策。

店铺综合体验星级越高，通常代表着店铺的信誉度和服务质量越高，获得的流量和曝光机会越多。

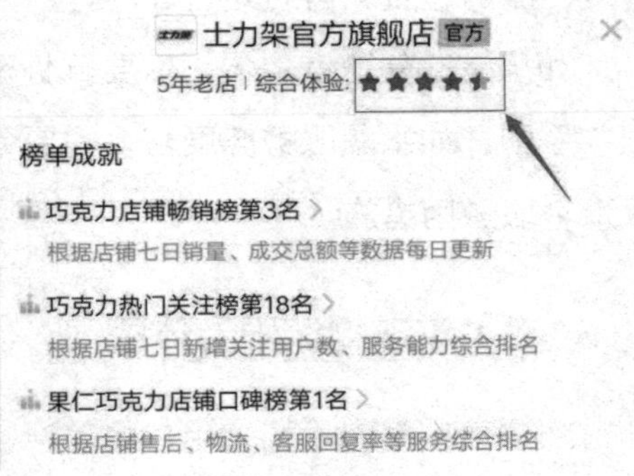

图 5-1　店铺综合体验星级展示

（1）店铺综合体验星级评价标准

店铺领航员是衡量店铺综合服务能力的数据指标，涵盖售后服务、商品品质、物流服务、店铺活跃等多个维度，为店铺综合体验星级评定提供基础数据，也是商家报名大部分活动的重要指标。店铺领航员的十项衡量指标见表5-5。

表5-5　店铺领航员的十项衡量指标

指标	详情
近30天平台求助率	近30天内，向平台求助的成交订单量/成交订单量
近30天3分钟人工回复率	近30天内，（咨询人数-3分钟未人工回复累计数）/咨询人数，且仅计8:00—23:00咨询时段内的数据
近30天在途订单退款时长	近30天内，用户未签收订单的平均退款时间

续表

指标	详情
近30天商家签收用户退货订单后的平均退款时长	近30天签收退货物流后的同意退款平均时长
近90天用户评价得分	近90天店铺全部商品有效评价的平均得分，有效评价数低于50条时，不显示评分数据
近30天严重劣质率	近30天成交订单生成的劣质订单数/近30天成交订单数
近30天平均从成交到签收的时长	近30天内，该店铺内所有订单从成交到签收的平均时长
近30天物流综合处罚率	近30天发货订单中被物流处罚订单量/近30天发货订单量，其中物流处罚包括虚假发货、缺货、延迟发货、欺诈发货、虚假轨迹等
近30天积极评论率	近30天评论文本中有品质、积极情感倾向的文本数/近30天评论文本数
近30天店铺活跃度	近30天内，综合店铺所有商品发布、订单成交等活跃数据拟合的复合指标

目前，拼多多店铺综合体验星级共分9个标准，分别是3星、3.5星、4星、4.5星、4.6星、4.7星、4.8星、4.9星、5星，星级越高表示店铺服务能力越强。店铺综合体验星级考核标准见表5-6。

表5-6　店铺综合体验星级考核标准

店铺综合体验星级	领航员综合行业排名	特色服务
3星	＜5%	—
3.5星	≥5%（≥指领先的商家）	—
4星	≥15%	—
4.5星	≥30%	—
4.6星	≥40%	—
4.7星	≥50%	—
4.8星	≥60%	—
4.9星	≥70%	为保障用户体验，4.9星、5星店铺有开通退货包运费、坏果包赔等服务要求，该要求根据行业特性进行调整
5星	≥80%	

（2）店铺综合体验星级的作用

店铺综合体验星级的作用主要表现在以下几个方面：

第一，提升店铺流量和曝光机会。

店铺综合体验星级越高，代表着店铺的知名度和影响力越大，会获得更多的流量和曝光机会，为店铺带来更多的订单和收入。

第二，提高店铺信誉度和服务质量。

店铺综合体验星级越高，代表着店铺的信誉度和服务质量越高，对店铺的发展和长期经营非常重要。

第三，提升用户购物体验。

店铺综合体验星级越高，意味着店铺的服务质量越高，用户在购物过程中会更加信任和放心，用户的购物体验会更好。

（3）如何提高店铺综合体验星级

提高店铺综合体验星级，需要从提高商品质量、提高服务质量、完善售后服务、提高店铺的知名度和影响力入手，不断提升店铺的综合实力和用户体验，获得更多的订单和收入。

第一，提高商品质量。

提高商品质量是提高店铺综合体验星级的根本所在。只有商品质量好，才能吸引更多的用户和订单，以及促使用户复购。

第二，提高服务质量。

提高服务质量是提高店铺综合体验星级的另外一个重要因素。只有店铺服务质量好，才能赢得用户的信任和好评。

第三，完善售后服务。

售后服务是拼多多评定店铺综合体验星级的重要指标之一。售后服务越好，说明店铺的服务质量越高，也说明店铺的信誉度越高，从而获得更高的店铺综合体验星级。

第四，提高店铺的知名度和影响力。

店铺的知名度和影响力越高，下单用户就越多，对店铺的正面反馈与评价也就越多。这样可以形成良性循环，进一步提升店铺综合体验星级。

5. 运用优惠策略，促进用户下单

在店铺起步阶段，商家可以借助优惠策略，充分利用平台提供的各种优惠券，刺激用户下单。这不仅可以为店铺积累足够的客源与人气，还可以为店铺日后的推广与活动等打下基础。

（1）优惠券的类别

从大的角度来看，拼多多平台提供的优惠券有两种：一种是店铺优惠券，一种是商品优惠券。

第一，店铺优惠券。

针对指定店铺设置的专门使用的优惠券，由商家在后台自行设置并由商家承担所优惠的金额。

第二，商品优惠券。

针对指定商品设置的专门使用的优惠券，由商家在后台自行设置并由商家承担所优惠的金额。目前，商品优惠券只支持一对一的设置，即一个指定的商品只能用一张商品优惠券。

从更细分的角度来看，拼多多提供的优惠券种类繁多，详情见表5–7。

表5–7　拼多多优惠券的类别和领取方式

类别	领取方式
商品立减券	①商品详情页：当用户浏览商品时，可以看到商品立减券并领取。 ②下单页：用户可以在自己的下单页领取商品立减券
关注商品券	①商品详情页。 ②下单页
关注店铺券	①店铺首页。 ②商品详情页。 ③下单页

续表

类别	领取方式
领券中心券	①个人中心→优惠券→领券中心。 ②个人中心→优惠券→推荐好券。 ③多多果园→点击果树掉落领券中心券。 ④拼多多App消息推送
省钱月卡券	在省钱月卡活动页面内领取
私密券	通过微信群等商家自有渠道进行发放，可以以链接或二维码形式发放
短信直发券	商家通过短信发送给指定人群的优惠券
客服专用券	由商家客服在聊天页面发出
订单复购券	①“我的订单”—“常买商品”。 ②商品详情页中有领取订单复购券的浮窗。 ③订单详情页有领取订单复购券的提醒
直播专享券	仅在直播期间领取使用，相关信息会在商品详情页、下单页、直播间等挂出
惊喜券	针对近期询单、收藏、浏览过店铺商品的兴趣用户，定向发放的优惠券

（2）优惠券配置规则

拼多多各类优惠券的配置规则如下：

第一，优惠券的面额和数量。

拼多多各类优惠券的面额和数量如表5-8所示。

表5-8　优惠券的面额和数量

类别	面额	数量
商品立减券	优惠券面额区间是根据店铺/商品过去30天成交金额和动销情况计算而得，以页面显示为准	大于1张小于100万张
关注商品券		大于1张小于100万张
关注店铺券		大于1张小于200万张
领券中心券		大于1万张小于2000万张
省钱月卡券		大于1张小于5万张
私密券		大于1张小于100万张
短信直发券		同短信发送数量
客服专用券		同客服发券数量
订单复购券		大于1张小于100万张
直播专享券		大于1张小于50万张
惊喜券		大于1张小于100万张

第二，优惠券的生效时间和有效期。

拼多多各类优惠券的生效时间和有效期如表5-9所示。

表5-9 优惠券的生效时间和有效期

类别	生效时间	有效期
商品立减券	生效时间与领取时间一致	领取时间到活动结束时间
关注商品券		领取后7—90天，商家设置
关注店铺券		领取后7—90天，商家设置
领券中心券		领取后6小时/12小时/24小时/2天，商家设置
省钱月卡券		领取后6小时/12小时/24小时/2天，商家设置
私密券		领取时间到活动结束时间
短信直发券		领取后7—90天，商家设置
客服专用券		领取时间到活动结束时间
订单复购券		用户领取后指定3天内可用
直播专享券		领取后6小时/12小时/24小时/48小时/同直播时间，商家设置
惊喜券		领取时间到活动结束时间

第三，优惠券的使用条件与每人限领数量。

拼多多各类优惠券的使用条件与每人限领数量如表5-10所示。

表5-10 优惠券的使用条件与每人限领数量

类别	使用条件	每人限领数量
商品立减券	购买该商品	1—10张，商家设置
关注商品券	关注并购买该商品	1张
关注店铺券	关注该店铺并购买该店铺商品	1张
领券中心券	购买该商品	10—15张，商家设置
省钱月卡券	无门槛	10—15张，商家设置
私密券	购买该商品或商家设置满减	1—3张，商家设置
短信直发券	商家设置满减	1张
客服专用券	购买该商品或商家设置满减	1—3张，商家设置
订单复购券	购买该商品	1—3张，商家设置
直播专享券	购买该商品	1—15张，商家设置
惊喜券	购买该商品	1—3张，商家设置

第四，商家设置满减的条件。

平台每月1日会根据店铺的历史商品销量和近期客单价判定商家设置满

减的条件：

①若店铺历史商品销量小于100单或近期商品无销量，则满A元减B元，A的填写上限为“10000元”；否则A的填写上限取“500元”和“店铺客单价的5倍”中较大值。

②面额和使用条件不得小于1∶100的比例，即不得小于“满100元减1元”。

（3）优惠券叠加使用规则

拼多多平台的优惠券在很多情况下是可以叠加使用的，规则如下：

第一，平台优惠券和平台活动券叠加使用。

①平台的所有活动券与平台优惠券都是可以叠加使用的，特殊情况除外。

②商品券和店铺券是互斥的，所以平台的所有活动券只能和商品券或店铺券叠加使用，特殊情况除外。

第二，商家券叠加使用。

①一个订单一个商品最多使用一张商品券或一张店铺券，特殊情况除外。

②一个订单N个商品最多使用N张商品券或N张店铺券，特殊情况除外。

第三，商家券和平台优惠券叠加使用。

平台优惠券是指针对平台内商品可使用的优惠券（具体适用商品范围以下单页优惠区内的提示为准）。若是商家设置的，则由商家承担优惠券的金额，例如拼单返现；若是平台设置的，则由平台承担优惠券的金额，且不影响商家售卖商品的实际到账金额，用户确认收货后所优惠的金额将返还给商家。

①一个订单一个商品最多同时使用一张平台优惠券和一张商品券或一张店铺券，特殊情况除外。

②一个订单N个商品最多同时使用一张平台优惠券和N张商品券或N张店铺券，特殊情况除外。

（4）优惠券退券规则

用户使用优惠券的订单选择退款时，优惠券退回规则如下：

第一，普通购物订单（不含合并支付订单和部分退款订单）。

用券订单退款成功后，商家优惠券会退回至用户账户。

第二，合并支付订单。

①父订单（合并支付订单创建了但是处于未支付状态）。

用券父订单创单后支付前取消订单，商家优惠券会退回至用户账户。

②子订单（合并支付订单支付后形成的各子订单）。

用券子订单退款成功后，商家优惠券无法退回至用户账户。

第三，部分退款订单。

用户申请部分退款成功后，订单所用的商家优惠券会退回至用户账户。

6. 站内免费引流与站外免费引流

互联网圈内有一句至理名言："你的商品要么赚钱，要么赚流量！"

互联网的本质是流量生意。互联网流量直白来说就是用户，它是互联网公司的核心资产和核心命脉。互联网行业的发展规律是不断发掘、追逐流量红利，从PC互联网时代到移动互联网时代，再到万物互联时代，流量在不断扩大，同时也在不断转移阵地；从3G到4G，再到5G，网速在飞速提升，海量用户可以随时随地看视频、看直播，流量资费进一步下降。从网址导航到文字博客，从微博和公众号的图文内容到短视频再到直播，新的流量平台和流量洼地不断涌现。

2017年后，中国移动端网民规模基本达到饱和，互联网行业的流量蛋糕基本固定大小，流量红利随之消失。在此背景下，想要获得新流量，就要进行存量竞争和行业内卷。这样做的直接后果是互联网行业获取流量的成本在不断攀升。

随着流量进入存量市场与《中华人民共和国数据安全法》正式实施落地，平台的流量越来越贵，公域流量的获取与变现越来越难。2016年是线上流量红利时代的转折点，原来流量唾手可得的时代一去不复返。到2017年初，互联网线上获客成本急剧上升，从每人1元、2元提高至每人5元、10元，电商领域的获客成本更高，某些电商平台获客成本高达200元/人，极端的甚至超过1500元/人（见表5-11）。

表5-11　主要电商平台获客成本

单位：元/人

公司	2016年	2017年	2018年	2019年
阿里巴巴	526	279	390	536.06
京东	142	226	1503	757.77
拼多多	—	7	77	197.15
唯品会	184	523	1200	−289.231

当前，不仅线下遭遇了客流荒，线上也出现了流量荒。流量红利消失、流量成本居高不下的情况造成了全域的流量危机。

对于拼多多商家来说，谁能够低成本地获得更多流量，谁就具备更大的竞争优势。实际上，在线上流量越来越贵的当下，如果善于运营，我们就会发现，无论是在拼多多站内，还是在拼多多站外，都有很多免费的流量可用。

（1）站内免费引流

在拼多多平台内部获得免费流量的渠道主要有以下几种：

第一，推荐位引流。

设置方法：进入商家后台，在店铺推荐位设置商品。可以设置三个推荐商品，设置的商品会优先展示给用户，这是最直接有效的引流方法。

推荐位的商品还有机会参与秒杀活动。秒杀活动是拼多多平台最大的流量入口。审核通过秒杀活动的商品会预热 3 天左右。

参与秒杀活动的商品，在秒杀活动结束并下架2小时左右后，可以自行修改价格，重新上架。

第二，自动回复引流。

设置方法：打开商家后台，点击“多多客服”—“客服机器人”，进行机器人回复设置，可以简述商品的功效作用以及使用方法，在设置简述后，加上商品链接即可。用户点击后，可以直达商品页面，方便快捷。

第三，搜索引流。

充分利用拼多多平台的搜索流量。搜索流量，即通过搜索关键词进入店内的流量。在自然流量中，搜索流量是最精准、转化率最高的流量，也是利润化最大的流量。

搜索的匹配原则主要有四种。

①精准匹配：优先展示词序一致的商品。所谓词序一致是指用户的搜索词和商家设置的关键词一模一样。

②中心匹配：根据关键词的核心意义或主题来匹配。

③广泛匹配：根据相近词来匹配。

④补全匹配：根据商品三级类目自动匹配。

商家可根据以上匹配原则，进行商品关键词和标题的优化。商品关键词不能凭空想象，应深入研究行业热搜词和商品热搜词中的飙升词、潜力词和高性价比词，通过关键词的搜索热度、点击热度、点击率、转化率和竞争强度等信息对关键词进行分析，在此基础上进行关键词和标题的优化。

第四，类目引流。

类目流量主要是首页/类目/频道里的流量。想要获取类目流量，商家要经常分析类目下优先展示的商品，提升自己商品的类目排名。

第五，收藏引流。

收藏及复购流量在拼多多的免费流量中约占15%。收藏会增加商品权重和强化商品标签。商品被收藏后，会出现“收藏过的商品”“好友收藏”标签，如果用户在浏览商品时看到此标签，点击商品的概率就会大大提高。

（2）站外免费引流

站外引流是指通过一些外部渠道和工具，以及合作伙伴的帮助，增加拼多多店铺的曝光机会和流量。在拼多多平台外部获得免费流量的渠道主要有以下几种：

第一，社交媒体推广。

在各大社交媒体平台（如微信、微博、抖音等）建立并优化店铺的官方账号，通过发布商品信息、促销活动等内容，引导用户点击链接进入拼多多店铺。还可以通过在社交媒体投放广告提高店铺的曝光度。

第二，搜索引擎优化。

可以通过优化店铺和商品的关键词，提高店铺和商品在搜索引擎中的排名。可以通过撰写有吸引力的商品描述、使用有吸引力的关键词标签等方式，提高店铺和商品在搜索结果中的曝光度。

第三，内容营销。

在各类内容平台发布有关商品的优质文章、视频等内容，激发用户的兴趣，引导用户点击链接购买。

第四，优惠券分享。

在优惠券分享平台发布店铺的优惠券信息，吸引用户点击链接购买。这种方式可以激发用户的购买欲望，提高店铺的流量和转化率。

第五，充分利用站外引流工具和平台。

一些站外引流工具和平台，如微信小程序、头条号等，可用于引导用户访问拼多多店铺。

在进行站外引流时，要确保链接的真实性和合法性，避免违反拼多多平台相关规定。

第六章

用户运营：打造忠实的粉丝社群

移动互联网时代，电商以粉丝为核心。拼多多店铺用户运营的核心在于打造忠实的粉丝社群体系和真正属于店铺自己的、免费的、能够直接触达的、可多次利用的、能一对一精准运营的私域流量池。

1. 公域流量与私域流量

线上流量有公域流量和私域流量之分。

（1）公域流量

所谓公域流量，即公共流量平台上的流量。公共流量平台主要有以下七类：

①门户平台，如搜狐、新浪、网易等。

②电商平台，如拼多多、京东、淘宝、天猫等。

③社交（软件）平台，如QQ、微信等。

④内容聚合型平台，如今日头条、腾讯新闻等。

⑤社区平台，如微博、知乎、百度贴吧等。

⑥视频内容型平台，如抖音、快手、西瓜视频、微信视频号等。

⑦搜索平台，如百度、搜狗、谷歌等。

公共流量平台拥有巨大的流量。公域流量从属于公共流量平台，分发权限也被各公共流量平台所掌控。随着流量红利逐渐消失，各大公共流量平台上的流量越来越贵，对于外部用户而言，这种流量是不可控的。例如淘宝、抖音、百度、微信等公共流量平台都有一个完整的生态，都拥有巨大的流量池，企业和商家可以通过投放一些广告来获取部分流量，但是其余大部分流量都不能为己所用。

（2）私域流量

私域流量是属于自己（个人、商家、企业）的流量。比如个人微信号、微信社群、微信公众号、企业官网、企业微信、小程序、自主App、自媒体账号中所沉淀的粉丝或用户，就是私域流量。私域流量是自己拥有完全支配权的流量，是可以直接触达、多次利用、一对一精准运营的流量。

私域流量具有自有、免费触达、实时在线和可持续四大特性（见图6-1）。

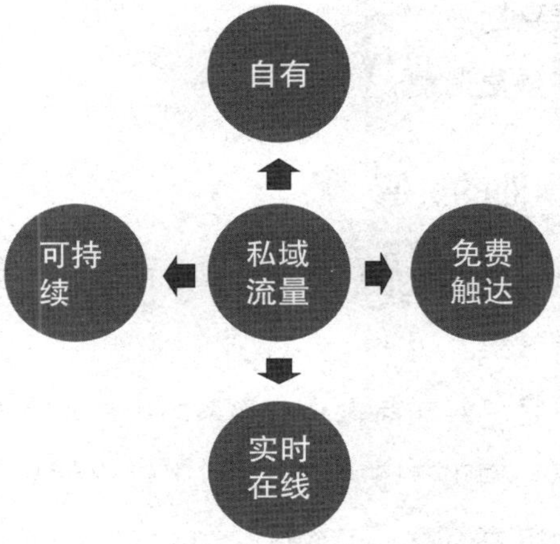

图 6-1　私域流量的四大特性

（3）打造私域流量池

只有私域流量才是属于自己的、免费的、可以反复触达的流量。品牌方和商家要善于将公共流量平台的流量沉淀到私域流量池。

有自媒体人称："未来的品牌没有粉丝迟早会死。工业时代，你只需要有顾客和用户即可，而未来时代没有你的社群、没有你的粉丝，你就会死。"

该自媒体人所讲的社群和粉丝，就是品牌方和商家的私域流量池。

在过去几年，大量线下门店闭店，实体门店生意几乎陷入停滞状态。但同时也有很多门店，不但不受影响，业绩反而逆势增长，例如做家居定制的尚品宅配、卖鞋子的红蜻蜓、做生活超市的美加美、做服装的特步等。只因它们都做对了一件事情——提前布局了私域流量，打造了品牌专属的私域流量池。

相对于线下门店，拼多多商家更应建立起自己的私域流量池。建立私域流量池其实并不神秘，归根结底就是建立一种触达、维护用户的直接渠道，用个人微信号、社群等工具将用户圈起来，通过一些运维方式，让用户感受到店主的人品、服务的专业、产品的特色，使用户对店铺产生信任感并进行复购。

打造私域流量池要解决以下两个问题：

第一，不断拓展新用户。

第二，让老用户重复消费。

（4）私域流量池的价值

拼多多商家打造私域流量池的价值主要表现在以下几方面：

第一，提高营销效果。

私域流量的用户是已经与商家建立联系的用户，相对于陌生用户，私域流量的用户的转化率和购买意愿更高。通过个性化服务和定制化推荐，商家可以提高私域流量的用户的购买频率和消费金额，实现更高效的营销效果。

第二，降低营销成本。

相对于获取新用户，运营和维护私域流量的用户的成本更低。通过电子邮件、社交媒体等渠道，拼多多商家可以实现低成本的营销覆盖，提高用户的忠诚度和转化率，降低营销成本。

第三，提高用户忠诚度。

通过个性化服务和定制化推荐，商家可以提高用户的满意度和忠诚度，实现用户的长期价值最大化。私域流量的用户忠诚度的提高，可以为商家带来更稳定的收入和更高的利润。

第四，提高店铺品牌认知度。

通过电子邮件、社交媒体等渠道，商家可以加强店铺品牌的宣传和推广，提高用户对店铺的认知度和信任度。私域流量的用户已经与商家建立联系，相对于陌生用户，更容易接受商家的店铺品牌宣传和推广。

总之，电商行业利用私域流量可以提高营销效果、降低营销成本、提高用户忠诚度和提高店铺品牌认知度，获得更稳定的收益和更高的利润。

2. 吸引用户关注，增加店铺粉丝

移动互联网时代，拼多多电商以粉丝为核心，致力于打造忠诚的粉丝社群体系。其中，关注店铺的用户是最基础的粉丝群体。

（1）店铺粉丝的价值

用户关注店铺，一方面意味着信任，另一方面也意味着流量。关注店铺的用户会不定期地来逛小店，不仅能为店铺增加流量，还能增加转化和复购的概率。

第一，能为店铺带来免费流量。

关注店铺的用户作为免费流量来源之一，在总流量中的占比高达约15%。

第二，为展示渠道加权。

用户关注店铺会增加商品的权重和强化商品标签。用户关注店铺后，浏览该店铺的商品会看到“关注的店”标签，点击该店铺商品的概率便会大大提高。

第三，提升店铺复购率。

先看一项数据：将平台上的店铺，根据关注人数维度分为6类，分别是小于10人、10～100人、100～500人、500～1000人、1000～10000人、10000人以上。以上6类店铺的关注人数与回访率、复购率的关系如图6-2所示。

我们可以看出，店铺的关注人数与回访率、复购率均成正比关系。其中分为以下几个阶段：

①店铺的关注人数小于10人，回访率和复购率极低。

②店铺的关注人数一旦破10人，数据将快速增加，关注用户整体的回访

率、复购率有了比较大的提升。

③店铺的关注人数在100～10000人时，数据有一个较平缓的上升期。

④店铺的关注人数破10000人是另一个关键点，一旦店铺的关注人数大于10000人，回访率和复购率将会达到另一个峰值。

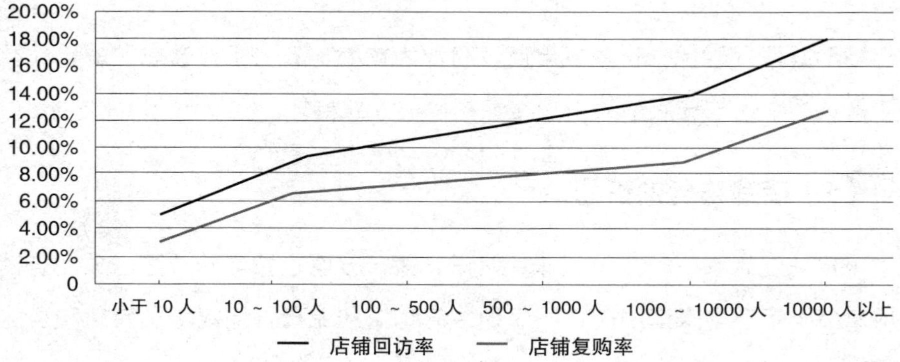

图 6-2　店铺的关注人数与回访率、复购率的关系

（2）如何增加店铺粉丝

店铺运营人员可以通过对店铺各个流量入口进行精心设计与打造，来吸引用户关注店铺，增加粉丝量。

第一，借助店铺关注券吸引用户关注。

店铺关注券是吸引用户关注的最佳利器，因为大部分用户都有以优惠价购物的心理。

①设置店铺关注券。进入拼多多商家后台，打开“店铺营销”→“营销工具”，找到“优惠券”→“店铺关注券”，点击“立即创建”，进入优惠券设置页面填写各项信息后，点击“创建”，则成功创建店铺关注券。

②推广店铺关注券。

首先，通过短信营销的方式推送。进入拼多多商家后台，在“店铺营销”→“短信营销”→“短信设置”→“个性化营销”中按照提示填写需要的信息并选择对应的店铺关注券发送。

其次，在商品详情页告知店铺关注券活动。

最后，在客服聊天时也可以进行提醒，比如设置客服自动消息提醒，告知用户店铺关注券活动。

第二，积极报名参加活动。

活动流量与粉丝流量并不冲突，反而会相互促进。积极报名参加活动有利于提高店铺的曝光度，只要有足够的曝光，就会有不少收藏，进而聚集粉丝。

第三，选择用户需要回购的商品类目。

平台大盘数据表明，刚需品、消耗品等需要持续回购的品类容易出现高收藏和高关注，比如尿不湿、纸巾、食品等。

第四，设计亮眼的店铺页面。

差异化、吸引人的店铺页面，能吸引很多用户关注店铺。毕竟人都是视觉动物，如果能在视觉上做到抢眼的效果，也就能够吸引不少同频的精准用户，培养忠实的用户群体。

第五，持续上新。

店铺在售商品数量多且持续上新，会对累积关注、收藏有正向促进作用。关注用户通常会很期待新款，在店铺上新后，系统会自动提醒已关注店铺的用户过来逛逛，为店铺增加流量和复购。

第六，设置关注享优惠。

告知访客“关注店铺或商品有额外优惠”，引导其关注。例如，关注店铺可以参与抽奖活动、关注享九折优惠、关注送礼、关注享受优先发货等。

引导用户关注的文案可以展示在店铺首页、店铺首页轮播图、商品SKU、商品轮播图等。

3. 老用户的运营与维护

商家的目光不仅要放在吸引新用户上，老用户的运维也要引起重视。

（1）用户分层运营

为什么要强调用户分层运营？因为我们的精力是有限的，不可能对每个用户面面俱到、平均用力。从用户的角度来看，如果我们只顾着给新用户优惠而忽略了老用户，就会伤了老用户的心，导致老用户流失。

分层运营是用户精细化运营的一部分，根据“二八原则”，我们要找出贡献了80%利润的20%的用户，更好地服务他们。

第一，做好用户分类。

用户大致可划分为新用户、一般用户、潜力用户、粉丝用户、重点用户、忠诚用户、沉睡用户等。

在做好分类之后，就可以重点分析这些用户的相关信息，如性别、年龄、购买间隔、购买频率、购买款式等。

第二，找出超级用户。

所谓超级用户，首先是商家商品和服务的重度用户，他们需求频次很高；其次，他们在未来一段时间内，有明确意愿持续消费商家的商品和服务。判定超级用户的两个关键点：一是重度用户，二是有明确的持续消费意愿。

超级用户具有四大消费特征：高复购、高消费力、高忠诚度、愿意推荐和分享。对店铺而言，超级用户的LTV（终身价值）最高。

在人格上，我们强调商家对所有用户一视同仁，尊重用户，友善相待；但是在商业服务上，则要给予相应的区别对待，如对于超级用户，要给予特别礼遇和重点对待。

第三，借助RFM模型进行用户分层。

RFM模型是用户关系管理分析模式中最受关注和广泛应用的模型之一，它通过用户最近消费时间（Recency，反映活跃度）、消费频次（Frequency，反映忠诚度）、消费金额（Monetary，反映贡献度）三个维度R、F、M值的高低来对用户进行分层。详细可分为八类用户（见图6-3）。

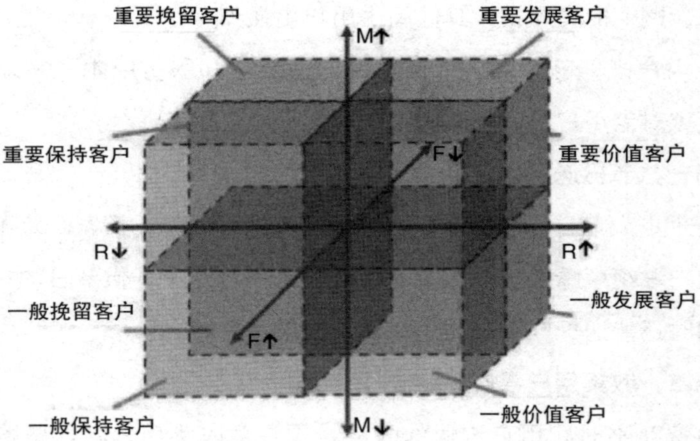

图 6-3　RFM 模型下的八类用户

在RFM模型下的八类用户中，我们要找出以下四类用户予以重点关注，强化关系维护。

①重要价值用户：这类用户的最近消费时间近、消费频次和消费金额都很高，是当之无愧的超级用户，应对其予以重点维护。

②重要保持用户：这类用户最近消费时间较远，但消费频次和消费金额都很高，是近一段时间没来消费的忠诚用户，需要主动和他们保持联系，搞清近期他们没有消费的原因，设法予以挽回。

③重要发展用户：这类用户最近消费时间较近、消费金额高，但消费频次不高，属忠诚度不高但很有潜力的用户，可以重点发展。

④重要挽留用户：这类用户最近消费时间较远、消费频次不高，但消费金额高，可能是将要流失或者已经流失的用户，应当予以挽留。

通过用户分层运营，不仅能减少对用户的骚扰，对重点用户予以重点对待，还能降低营销成本，提高转化率和店铺业绩。

（2）老用户的维护

电商界有这样一句话："开发十个新用户不如维护一个老用户。"因为老用户是购买过商品的买家，至少有过一次交易关系，已经打消了信任壁垒，二次购买的意愿相较其他陌生用户更强烈。

老用户既能够有效降低商家的沟通成本和服务成本，又能带来潜在复购，商家对老用户一定要做好维护。

第一，节日送祝福。

每个重大节日，都是商家回馈老用户的好时机。商家一定不要放过这些和老用户联络感情的机会，要适时地给老用户送上一份节日的祝福。如果祝福的同时还能送一些精美的小礼物，效果会更好。

第二，收集用户喜好。

商家在平时和用户沟通的时候，要注意收集用户的一些购买喜好。当店铺有相关商品促销的时候，一定要通知这批老用户，会带来很大的复购可能。

第三，满足老用户的延伸需求。

用户购物都希望方便快捷，如果能在一家店铺解决问题，他们会很乐意一站购买齐全。商家如果能把跟主营商品相关的商品和服务都延伸开来，满足用户的一站式购买需求，能更好地提升转化率。

第四，做好售后回访。

在用户确认收货后的一周左右，商家可以主动联系这个用户，询问商品的使用情况。如护肤品类，可以回访用户使用效果如何；如电器类，不仅可以问用户商品质量怎么样，还可以告诉他日常电器保养技巧。这会让老用户对商家的服务产生强烈的好感，促进下一次成交。

4. 打造店铺粉丝社群

平台上的粉丝来无影去无踪，甚至“朝秦暮楚”，今日关注明日取关，缺乏强黏性，关注了也不一定会回来浏览店铺、下单购买。

如何增强粉丝黏性是商家面临的共同困扰。实际上，粉丝是需要经营的，商家要通过社群思维来管理维系粉丝。

艾瑞咨询在《2016年中国网络社群研究报告》中，给网络社群下了一个明确的定义：“社群是有共同爱好、需求的人组成的群体，有内容、有互动，由多种形式组成。社群实现了人与人、人与物的连接，提升了营销和服务的深度，建立起了高效的会员体系，增强了品牌影响力和用户归属感，为企业发展赋予新的驱动力。”

今天我们所说的社群更多是网络社群，比如我们通过抖音将用户引流到QQ、微信上，都可以视为组成了一种社群。社群是一种基于互联网的新型人际关系。

打造粉丝社群，需要回答以下几个问题：

（1）社群的定位是什么

社群的定位同个人的专业方向密切相关，即你所提供的内容和价值满足的是哪些人群，那么社群就要定位在这些人群身上，设法吸引他们进社群。

（2）目标人群在哪里

收获粉丝是一个逐渐积累的过程，要注意口碑传播。口碑好，用户就会争相传播，发展新粉丝。通常来说，第一批粉丝积累会比较困难，但只要完成了粉丝的原始积累，且能持续为粉丝提供优质内容和价值，就能换来粉丝的裂变式增长。

（3）社群的门槛是什么

为社群制定一些规则和门槛，这可以提高社群成员质量，为将来的转化和变现打下基础。

设置门槛可有效避免鱼龙混杂的情况，保持社群价值观的高度一致。

对已入群的粉丝，需借助相应的群规来制约，如不准聊无关话题、禁止谩骂和人身攻击等。

当然，群规的设置要因群而异，要掌握好松紧的尺度，既不可太严，也不可太松。不过，群规一旦确定，就要严格执行。

（4）社群能给粉丝带来什么

粉丝加入社群，一定有所图，要么是知识，要么是经验，要么是潜在的机会和实惠等。有了价值的传递，社群关系才能持久。

（5）如何将粉丝导入社群

拼多多拥有庞大的用户基础和流量资源，将公域流量资源导入私域，如微信公众号、微信小程序、微信群等，对于店铺粉丝黏性增强和业绩提升有重要意义。

拼多多店铺建立私域流量池有三种常见的方式。

第一，微信公众号引流。

拼多多商家可以通过在商品页面或店铺主页上设置微信公众号二维码，引导用户关注微信公众号。通过微信公众号，商家可以与用户建立更紧密的联系，提供更多的优惠信息和购物引导。

第二，微信小程序引流。

拼多多商家可以开发自己的微信小程序，在拼多多店铺或商品页面上进行宣传和推广。通过微信小程序，商家可以提供更丰富的购物体验和个性化服务，吸引用户在微信平台上完成购买。

第三，微信群引流。

拼多多商家可以创建专属的微信群，邀请用户加入并分享商品优惠信息。通过微信群，商家可以与用户直接互动，提供专属优惠和购物指导，增强用户黏性和提高转化率。

如何才能快速高效地将平台流量引入私域呢？主要有以下几种引流方法：

第一，合作推广。

与微信公众号、微信小程序、微信群等平台进行合作推广，通过合作方的流量入口引导用户到拼多多进行购物。商家可以与高人气的微信公众号、知名小程序或有影响力的微信群进行合作，共同推广商品和优惠活动。

第二，社交化营销。

通过社交媒体的力量，利用好友关系链和用户口碑传播，引导用户到拼多多进行购买。

第三，内容营销。

通过优质的内容营销吸引用户，引导用户到拼多多进行购物。商家可以在微信公众号、微信朋友圈或其他社交媒体平台上发布有价值的内容，如购物攻略、产品评测、折扣信息等，提升用户对店铺商品的认知和购买欲望。

第四，精准投放广告。

在微信等平台上进行精准的广告投放，将广告展示给潜在的目标用户群体。商家可以根据用户的兴趣、地理位置、购买行为等进行定向投放，提高广告的点击率和转化率，实现快速引流。

第五，售后环节推广。

商家可以在快递包裹上加上微信二维码，引导用户添加商家微信，再将其导入相应的社群。

5. 粉丝社群的管理与维护

很多商家都知道要建立粉丝社群，但在建立粉丝社群之后却懒得维护，最后抱怨粉丝社群浪费时间、毫无作用。

粉丝社群建立起来只是第一步，后续的运营管理与维护才是关键。拼多多平台上有很多商家充分发挥店铺的流量入口功能，吸引同质化人群聚集，形成社群后，再依靠持续的互动、营销、直播等活动实现流量的回归和变现。

（1）建立粉丝社群

当店铺具备一定的粉丝基础之后，就要开始建立粉丝社群。在初始阶段，最好不要对粉丝进群设定过高的门槛，对于任何想加入社群的粉丝，都可以邀请他们加入，这样社群的规模才能迅速壮大，同时也能维持社群的活跃度和热度。

当我们用尽心思将粉丝吸引进微信群、QQ群之后，并非万事大吉，还要做好管理与维护工作，否则粉丝退群的速度会大大快于进群的速度，前期的引流努力付诸东流。

粉丝进群后，要想留住这些粉丝，开展进一步的营销工作，就要设计好方方面面的应对话术。

第一，欢迎话术。

新粉丝入群后，商家要充分换位思考，设计欢迎性的话术，给人留下良好的第一印象。比如："欢迎新朋友加入我们的大家庭，本群每天定期分享服装穿搭方面的知识（特价商品信息），如果觉得群里消息过多，可以设置消息免打扰，等空闲了再查看我们的群消息。另外，群里会不定期举行直播间同款商品的优惠秒杀活动哦！”

欢迎话术的目的是得到大家的好感。说话的语气不要太过强势，尽量给人留下一个好印象，给他们的暗示应该是——我能提供给你们的是你们想要的，但是不会过多地耽误你们的时间。

第二，群规话术。

规则性的话术语气要尽可能委婉，免得惹人反感。比如："本群是学习交流群/折扣商品秒杀群，不允许发布广告、二维码和分享其他无关信息哦，如果违规，会被请出去的。"

如果有人对此表示不理解，可这样予以解释："本群是学习分享群，为了方便大家学习交流，需要有一个清净的群环境。如果每个人都随意发布信息，那么群里就乱套了，时间长了大家就会由于反感而退群。而且，太多的杂乱信息也容易让大家忽略一些关键性的优惠信息。"

第三，转介绍话术。

当群里有人想介绍朋友加入时，可以这样设计回复话术："亲，把咱们的群号发给你的朋友，申请加入时让他填写验证信息'××××'，管理员看到这个暗号后，就会准许加入了，否则是无法通过的。"

第四，成交引导话术。

维护社群除了日常分享信息之外，不要忘了最终的营销目的。在发布店铺或商品信息时，可根据商品类型设计具体的引流话术。比如："我们的爆款商品又到货了，为了感谢大家一直以来的支持与陪伴，本周五晚上8:00，直播间不见不散。"

（2）维护粉丝社群

建立起粉丝社群后，要做好日常维护。

第一，引导群内话题。

做好群内话题的引导，尽量将话题向店铺的经营特色和商品引导。

第二，保持适当的神秘感。

即使同处粉丝社群里，管理人员在与粉丝进行联系的时候，也要注意保持神秘感，切忌频繁出现、过于热情，否则，会使粉丝失去兴趣。

第三，打造粉丝团体。

在维护粉丝社群时，要引导粉丝间相互熟悉，形成一个以铁粉为核心的团体。最初建立的粉丝社群可能会鱼龙混杂，可以先观察几天，让粉丝在群里相互熟悉。在这一过程中筛选出符合要求的粉丝，建立专属粉丝群。

（3）完善社群管理系统

随着店铺知名度和影响力提升，专属粉丝社群规模也会不断扩大。此时，要构建起相对完善的粉丝社群管理系统，增设营销、客服、技术等岗位，在提升粉丝体验的同时，及时处理各种问题。

第一，入群仪式。

让粉丝获得社群归属感，可以从进入社群的第一时间开始。为了尽快扩大社群规模，无须设定过高的入群门槛，关注即可入群。但需要设定一个特别的入群仪式，比如发送入群介绍或者发放入群欢迎红包。

第二，特别称呼。

社群中的粉丝应当拥有特别的称呼。让社群粉丝感受到自己的特别，才能让他们对社群有更强的归属感，进而为社群做出更大的贡献。

第三，身份级别。

随着粉丝社群规模的不断扩大，可以引入等级体系，比如“团员—精英—组长—团长”。

（4）核心成员分级

粉丝社群经过一段时间的运营和沉淀之后，应该做进一步的成员分级和角色划分，筛选出核心成员。核心成员主要分为以下三类：

第一，KOL，即粉丝意见领袖。

这类粉丝在社群中有一定影响力，同时也是店铺的忠实粉丝，日常贡献（打赏、消费等）也很可观；在专业知识方面具有一定的权威性，或者说具备让人信服的特质；是社群核心价值输出的主要贡献者。

第二，KOC，即用户意见领袖。

这类粉丝明面上是用户，在相关领域内也有一定的认知和见识，有时会代替群主主动回答其他粉丝的一些问题。

在社群运营的初期，可以安排内部人员潜伏扮演用户意见领袖。但当运营到一定阶段的时候，我们需要主动挖掘真实用户中有潜力的人，努力把他们培养成KOC，这对于双方来说都是有好处的。

对于粉丝来说，成为KOC可以获得一定的成就感。而对于商家来说，通过对KOC的培养，一方面，可以进一步加强商家与粉丝之间的关系，另一方面，很多时候KOC可以配合KOL或者群主带动社群运营的整体节奏，促使更多粉丝完成转化。

第三，活跃小分队。

通常，一个社群可以配置1名KOL、3～5名KOC，而活跃小分队则可以安排10～15人（200～300人规模的社群）。

活跃小分队，顾名思义，其作用主要就是活跃社群、带节奏，在活动、促销的时候营造氛围。当然，活跃小分队成员活跃气氛时，要有节奏、分批次进行，要掌握好分寸与尺度，不可一股脑全冲上去，否则会弄巧成拙。

私域社群运营需不断推陈出新，给出一些创新玩法，保持社群成员的新鲜感，提升其参与度。

根据社群所依托的店铺类型，除了不定期举行各种群内活动或进行福利发放外，还可以定期组织线下活动来增进情感。不过，社群运营的最终目的是为店铺输入流量。社群运营者要始终牢记这一宗旨。

6. 激活社群：实现成交闭环

社群运营的最终目的是充分激活社群，为店铺输入流量，实现“种草—养草—收获”的社群成交闭环。社群运营者要始终牢记这一宗旨。

（1）激活社群

私域社群建立的目的是锁定流量，持续为今后的变现（直播、线上经营等场景）输入流量。一潭死水的私域社群毫无价值。因此，有必要保持社群的活跃氛围，使群成员对店铺产生信任感并提高其对商品、服务的认可度。

保持社群活跃度的常用方法有以下几种：

第一，推出优惠活动。

图便宜是人的天性。因此，在社群中要经常推出优惠活动，发放优惠券或社群专属优惠资格。通过丰富的优惠让利活动，使群成员做到“线上参与，线上领取，到店消费”，实现线上的引流，提高到店率，增强粉丝黏性。

第二，输出内容。

输出有价值的内容，使之发挥黏合剂、润滑油的作用，调和社群氛围。分享的优质内容，可以是软文、专业知识，还可以是有创意的短视频。

第三，发放红包。

红包是活跃社群氛围的利器，群主通过不定期发放红包，能有效提升社群成员的活跃度和参与度，保持社群活力。

例如，某商家的社群内容主要以商品种草、活动推介为主，发送的内容都有固定的安排，每周都会设置不同的福利活动，其周度SOP（标准作业流程）为：

周一11:30——商品种草。

周二11:30——商品种草。

周三13:50——积分秒杀日活动。

周四11:10——充值活动。

周五15:00——社群幸运大转盘（奖品主要是满减券、立减券和赠品券）。

周六11:00——商品种草（借节日热点种草）。

第四，上新。

拼多多商家的上新模式大概有以下几种：

①季节性上新。当季新品一次性全部上架，比如服饰。

②随机性上新。有新品就上，没有新品就不上。

③基本不上新。店铺经营的商品就几种，基本没有新品可上。

④偶发性上新。经营类目新品很少，偶尔才会有新品。

以上模式其实都是不科学的，店铺要保持上新活跃度，将上新信息及时传达给社群粉丝，激活社群，增加店铺的人气和粉丝复购率。

（2）对症下药，进行粉丝互动

对社群粉丝要进行精细化运营。对不同类型的粉丝，要对症下药，采取不同的互动措施（见表6-1）。

表6-1 粉丝互动措施

粉丝类型	互动措施
活跃粉丝	①推送店里的新品、利润款商品，获得更大的粉丝价值。 ②从购买、互动等多个层面进一步对活跃用户进行分层运营，每个层级给予不同的权益刺激
消费越来越少的粉丝	可以设置一些专享优惠活动，定向推送
只逛（进店）不买的粉丝	①定期进行直播并发送定向邀请，进行互动。 ②定向推送满减优惠券，促进下单

续表

粉丝类型	互动措施
不逛（进店）也不买的粉丝	①定向发放优惠券（如短信直发券等），并告知有一定使用时限，请尽快使用。 ②定向发放大额优惠券。 ③对用户进行生日关怀，如生日月双倍优惠等

第七章

付费推广：精准匹配目标用户

有这样一句话：“免费的东西是最贵的东西！”

当前，线上流量越来越稀缺、越来越珍贵，拼多多商家仅仅依靠免费的自然流量（质量和转化率往往不高）已经很难有起色和大的突破。如果想要得到更多、更精准、更高质量的流量，就必须使用付费推广的方式。

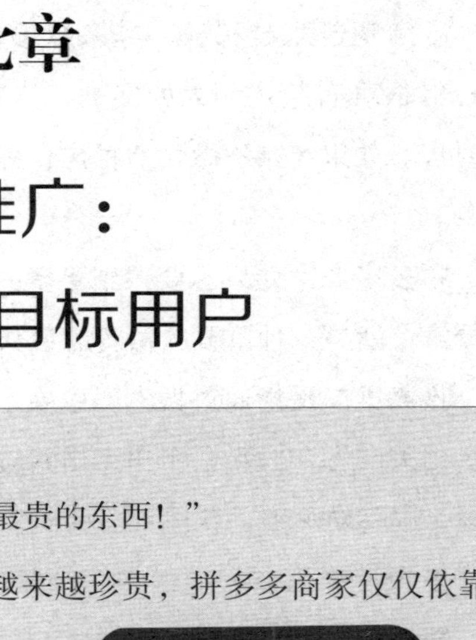

1. 通过搜索推广引流

在流量越来越稀缺、越来越珍贵的时代，拼多多商家仅仅依靠自然流量已经很难有起色和大的突破。当前，拼多多平台已经进入全面的付费推广时代。如果商家不做付费推广，即便是在首页资源位，也难以获得较多的流量。

拼多多商家如果想要得到更多的流量，就必须通过付费推广的方式。多多搜索，就是一种重要的付费流量获取工具。

搜索推广是指通过搜索引擎展示广告内容，根据用户的搜索关键词匹配推送相关广告，以吸引用户点击并转化为实际购买行为。它能够帮助商家提升曝光率和转化率，获得更多的商机。

多多搜索为商家提供了一种精准和可控的广告投放方式，具备实时竞价、精准定位和效果可视化等特点。

商家可以根据自己商品的特点、目标用户的需求和竞争对手的情况进行自定义推广，提升广告效果，提高投资回报。

（1）多多搜索的优势

多多搜索为商家提供了一种基于用户搜索行为的精准广告投放方式，能够实现商家对受众群体的精确定位，提升广告效果。其优势主要表现在以下四方面：

第一，进行实时竞价。

多多搜索采取的是实时竞价模式，商家可以根据自己的需求和预算参与竞价，根据竞价结果实时展示广告内容。这种模式能够确保商家以较低的价格获得较明显的曝光效果。

第二，定位精准。

通过搜索引擎的关键词匹配技术，多多搜索能够将广告内容精确地推送给与关键词相关的用户，提高广告的转化率。商家可以根据商品特点和目标受众群体选择关键词，通过竞价方式确保广告展示在相关的搜索结果中。

第三，推广效果可视化。

多多搜索可以为商家提供实时的广告展示和点击数据，使其不仅能够随时监测推广效果和相关数据，包括展示量、点击量和转化量等指标，还能够分析推广效果，调整广告策略。

第四，提供优化建议。

根据广告投放的结果，多多搜索可以为商家提供优化建议和策略，提升广告效果。商家可以根据这些建议对广告进行调整和优化，提高转化率和ROI（投资回报率）。

（2）多多搜索的推广模式

多多搜索提供两种推广模式。

第一，自定义搜索推广。

自定义搜索推广可以简单理解为手动挡的多多搜索，商家可以根据推广需求，自行设置推广关键词和目标人群。

第二，OCPX搜索推广。

OCPX搜索推广是一种智能搜索推广方式，等于将搜索自定义计划改成自动的推广计划。在计划中，商家只需要设定好愿意为一个订单花的广告费，剩下的事都可以交给系统。系统会按成交出价和历史数据自动优化，帮商家找到高转化人群，提高订单量。

自定义搜索推广和OCPX搜索推广的区别主要表现在以下五个方面（见表7–1）：

表7-1　自定义搜索推广和OCPX搜索推广的区别

内容	自定义搜索推广	OCPX搜索推广
适合对象	适合经验丰富的商家，操作空间大	更适合新手商家
特点	操作较复杂，性价比更高	傻瓜式操作，流量精准
操作步骤	第一，选择推广商品。 第二，选择关键词并进行出价溢价。 第三，选择人群并设置溢价比例。 第四，设置创意	第一，选择推广商品。 第二，设置成交出价。 第三，设置创意
日常调整	关键词增删、出价溢价，人群增删、溢价，创意调整	预期成交出价
优化方式	商家根据经验优化	系统自动优化，确保成交

（3）如何使用多多搜索中的自定义搜索推广

使用多多搜索中的自定义搜索推广时要注意以下关键步骤：

第一，设定推广目标。

明确搜索推广的宣传目标和需求，确定推广的商品和目标受众群体。

第二，选择关键词。

在进行自定义搜索推广时，选择合适的关键词是非常重要的。商家需要挑选具有代表性和热度的关键词进行投放，同时注意关键词的转化潜力和竞争情况。商家可以通过调查市场热点、观察竞争对手、分析用户搜索习惯等方式来确定关键词。

在用户端，多多搜索提供了丰富的自定义设置功能，使用户能够根据自己的需求和偏好来设置关键词，以实现更精准的商品搜索。通过合理设置关键词，用户可以快速找到符合自己需求的商品，提升了搜索的效率和准确性。

①多多搜索支持设置多个关键词进行搜索。用户可以将相关的关键词组合在一起，以提高搜索结果的准确性。例如，用户想要购买一款黑色的运动鞋，可以将“黑色运动鞋”作为关键词进行搜索，这样可以过滤掉其他颜色和类型的鞋子，更快地找到符合要求的商品。

②多多搜索还支持设置关键词的排除功能。当用户希望排除某些与自己需求不相关的商品时，就可以通过在关键词前加上减号来实现。比如，在用户搜索“手表”但不希望看到二手手表的结果时，可以将关键词设置为“手表-二手”，就能排除掉二手手表的搜索结果。

③多多搜索还提供了模糊搜索的功能。用户可以在关键词中使用通配符号来代替部分文字，以扩大搜索范围。例如，用户搜索“华为**手机”，就可以找到包括“华为Mate60手机”“华为P40手机”等在内的多种型号的华为手机。

第三，设定竞价和投放预算。

多多搜索的实时竞价模式能够根据预算和需求，设定竞价和投放预算，让商家以较低的价格获得较明显的曝光效果。

商家在设置出价时，不应只追求排名，要结合转化率、销售目标和预算等因素来确定。如果关键词的竞争很激烈，可以采用不同的出价策略，比如分时段出价、定向出价等。商家还可以通过多多搜索的竞价工具来获取更多的出价建议。

第四，设计吸引人的广告创意。

设计吸引人的广告创意是提高广告效果的重要步骤，商家需要制作美观、生动、直观的宣传图片、文案、视频等，以吸引受众并引起他们的兴趣。另外，商家还可以通过多多搜索的广告优化工具来获取更多的创意建议。

第五，监测和优化。

多多搜索可以随时监测广告的展示和点击数据，为商家提供实时的数据和优化建议，帮助商家根据数据分析结果对广告进行优化调整，提升广告效果。商家需要通过数据分析工具监测投放效果，包括关键词的曝光量、点击率、转化率等指标，根据分析结果不断调整出价和创意，以获得最佳的推广效果。

2. 通过场景展示推广引流

拼多多平台有很多优质资源位，可以实现精准的定向人群投放。场景展示推广是基于资源位和目标人群的推荐式流量展示方式，凭借优质资源位，以商品/店铺展示为基础，以精准定向为核心，面向全网精准流量进行实时竞价，可为商家提供效果监测、精准定向等服务，实现商品的定向推广。

（1）多多场景的扣费模式

多多场景支持按点击扣费，即CPC扣费模式，能够最大限度地提高推广资金的利用效率。

扣费公式为：

扣费=（下一位的出价×下一位的商品素材点击率）÷自己的商品素材点击率+0.01元。

多多场景按照商家设置的出价进行扣费，单次点击单价最高等于设置的出价，单次点击付费与店铺的商品点击率是息息相关的，商品的点击率越高，单次点击所付的费用就越低。推广商品的展示排名，也会随着商品点击率的提高而上升。

（2）场景推广三要素

场景推广有三大核心要素：人群、资源位与创意图。

第一，人群。

在进行场景推广之前，要想清楚店铺的目标用户人群是哪些，并且要知道卖什么产品给他们。只有搞清楚店铺的目标用户人群是谁，才能精确地进行场景推广。

第二，资源位。

资源位的选择解决的是店铺和商品在哪里展示的问题。

第三，创意图。

在弄清了目标用户人群、选好了资源位之后，还要通过高质量的创意图来吸引用户点击，促成转化。

（3）多多场景和多多搜索的区别

多多场景同多多搜索一样，都是拼多多平台为商家提供的付费推广营销工具。二者的区别如下：

第一，转化率不同。

多多搜索的流量精准度较高，毕竟只有用户需要某个商品的时候才会搜索，转化率更高一些。而多多场景则是根据用户的喜好和浏览记录进行展现，吸引用户进行点击，并不代表刚需，转化周期较长，转化率相对较低。

第二，流量来源不同。

多多搜索和多多场景的流量来源是不同的。多多搜索是通过关键词进行搜索、点击浏览的，即人找货；而多多场景根据不同的人群进行商品的展现，是货找人。

第三，流量类型不同。

多多搜索的流量大部分来源于新用户。多多场景主要面向浏览过且收藏过商品的用户，为第二次展现收割转化。

总体来说，多多搜索适合新品推广和不追求快速获取流量的商家、商品；多多场景适合测图、快速获取流量的商家，但商品转化要做好优惠方案。

（4）场景推广的操作要点

场景推广的操作要点如下：

第一，新建推广计划。

打开拼多多商家后台，依次打开“推广中心”→“推广工具”→“多多场景”，可以新建一个场景推广计划。

第二，填写计划名称。

计划名称可以按照“推广时间+商品名称+推广目的”的格式来填写。

第三，设置预算。

最低预算日限额是100元，可以直接填写100元，便于有效控制预算。

第四，选择推广方案。

同多多搜索一样，多多场景的推广方案分为自定义出价和OCPX出价两种。其中自定义出价是基于选择的场景和人群定向进行自定义设置出价，而OCPX出价是基于目标和出价的效果自动优化，由系统来进行智能优化。OCPX是智能推广，更适合新手，但没有自定义出价的权重高。

第五，设置分时折扣。

分时折扣不建议使用官方模板，可以设置为：0:00～6:00折扣为50%，6:00～19:00折扣为100%，19:00～23:00折扣为120%，23:00～24:00折扣为100%。

第六，添加推广商品。

可优先选择店铺爆款或者应季商品，商品最好有一定的销量和带图评价。

第七，填写单元名称。

单元名称要求在30个字符以内。

第八，设置基础出价。

可按低出价高溢价的方法进行操作，即按最低的0.1元进行基础出价，在资源位溢价和人群溢价方面将溢价设置得高一点。

第九，设置资源位溢价。

类目商品页、商品详情页与优选活动页全部设置10%的溢价，在控制曝光的情况下能稳定地进行引流；由于营销活动页的曝光非常大却并不精准，所以建议将其溢价设置为最低的1%。

第十，设置人群溢价。

推广前几天，智能推荐人群全部勾选，平台定制人群全部不勾选，溢价比例全部设置成30%。7天后，再选择性地添加平台定制人群、兴趣点人群和地域人群。如果数据好，提升5%的溢价；如果数据差，考虑降低溢价或者直接删除某人群。

注意，不要开自动调价。

第十一，设置创意。

打开智能创意与静态创意，静态创意可以添加4张创意图。流量分配为智能创意占30%，静态创意占70%。

3. 通过CPT资源位推广引流

CPT是英文“Cost Per Time”的简称，中文意思是“按时长付费”。在互联网行业，如果需要投放广告， CPT是一种相对比较省心省力的投放方式。因为商家只要和投放的媒体或平台沟通好广告的位置，按投放的时长付费即可。这种模式在线下最为常见，比如，大家比较熟悉的公交站牌广告、电梯轿厢广告，大多是这种付费模式。

在互联网上，这种模式经常遇到，比如在一些App的某个固定位置长期挂着的某个广告，基本上就是这种模式。但CPT模式有个弊端，就是广告效果在很大程度上取决于投放的App自身的活跃度。所以，在合作投放广告之前，商家需要做好详细的市场调查和数据分析。

拼多多CPT广告也按时段扣费，直接买下拼多多某个广告位的某个固定时段，非常有利于新店拉新、老店拓展新流量。另外，CPT广告资源位上还设置了奖励机制，可刺激用户对商品产生浏览、关注、收藏、购买等进一步行为。

（1）拼多多CPT资源位

在拼多多上，不同的CPT活动会有不同的广告资源位。在商家后台找到“推方计划”，依次点击“聚焦展位”→“联合推广”→“活动报名页”→“活动详情”，点击“预览”可以下载“活动文档”，在文档中可以看到某个活动的广告资源位具体在哪。

拼多多CPT资源位的流量覆盖范围如表7-2所示。

表7-2 拼多多CPT资源位的流量覆盖范围

曝光量级	资源位
亿级曝光	多多果园、农牧场、现金签到
千万级曝光	走路赚现金、多多赚大钱—梦工厂、多多爱消除—领阳光
百万级曝光	富豪超市、多多赚大钱—鱼塘、多多爱消除—领金币/钻石、充值中心、省钱月卡

（2）CPT广告如何投放

CPT广告投放需要在电脑端拼多多商家后台进行操作。

第一，投放入口。

打开电脑端拼多多商家后台，在工具栏找到“推广中心”→“推广计划”，在“聚焦展位”找到“联合推广”，其中有很多CPT活动，商家可以根据自己的预算，选择性地报名参加。

第二，活动查看。

在活动页可以查看具体的活动内容，包括名称、时间、详情介绍、交费类型、各档位活动费、商品数量等信息。

第三，报名活动。

点击“立即报名”后，活动费会锁定在推广账户。如果报名通过，活动费会在活动结束后扣；如果报名不通过，被锁定的金额会解锁。注意报名前保证自己推广账户的余额充足，否则，将导致没办法锁定活动费，报名不成功。

第四，活动报名查看与调整。

在“已报名活动”中，可以通过活动状态筛选、报名时间排序来查看已报名的活动。活动状态是“活动报名进行中”的才能修改档位/商品。

点击最左边的“+”号可以看到投放的详情，包括投放时间、状态、广告位、数据（曝光、点击量、点击率、交易额、投产比等）。

（3）CPT广告的操作技巧

在拼多多CPT活动的不同时段，有不同的操作技巧。

第一，前期，合理选择CPT活动。

①新品。

新品，由于尚不清楚目标用户群是哪些，需要通过CPT获得大量的曝光和点击来逐步形成商品的用户标签。活动方面，建议侧重选择子类目专属活动、行业类活动。

②老品。

老品通常会出现销量瓶颈、流量难以突破的问题，可以适当地进行跨类目抢人、扩流。活动方面，建议尝试跨类目联合会场、超大流量的活动。

第二，中期，搭配营销工具承接大流量。

在CPT活动中，可以通过搭配营销工具来提升客单价，增加粉丝，加速用户下单。

①提升客单价。可借助凑单专区、拼单返现、多件优惠、全店满减券等优惠措施，刺激用户多购买，提升客单价。

②增加粉丝。可借助关注店铺券来增加店铺粉丝。

③加速用户下单。通过限时限量购等措施，给用户营造时间上的紧迫感，快速促成下单。

第三，后期，配合其他推广。

CPT投放时间一般只有1～2天，但有些用户并非一看就下单，而是有一个下单周期。所以，在CPT活动结束后，建议开启多多场景和多多搜索，以提升商品的曝光度。通过优化频繁访问用户、潜在下单用户等人群的溢价设置，可以有效进行二次流量召回，增加他们再次看到商品的机会，进而提升转化率。

4. 通过明星店铺推广引流

明星店铺推广是拼多多针对企业店铺推出的一种推广引流方式，只对企业店铺中的专卖店、专营店、旗舰店开放。

（1）明星店铺的功能

明星店铺的计费模式是CPM（Cost Per Mille，按千次展示付费），出价范围在20～300元之间。

第一，展示场景。

当用户搜索品牌词及相关的关键词时，搜索结果页顶部会展示店铺创意，用户点击后可进入店铺主页查看店铺的所有商品，进而下单。

第二，展示渠道。

拼多多手机用户端（Android、IOS）、拼多多H5商城。

第三，排名规则。

系统会根据店铺品牌授权状况和每千次展示出价计算得分，选择得分排名最高的店铺在搜索结果页展示该店铺的创意图。得分排名是实时计算更新的。明星店铺的排名规则是店铺权重×CPM出价，店铺权重越高，明星店铺的推广费用越少。

（2）明星店铺的优势

明星店铺的优势表现在以下四方面：

第一，费用可控。

明星店铺推广属于CPM模式，按每千次展示进行计算付费，推广成本可控。

第二，增加曝光率。

明星店铺可以在拼多多首页、品牌团、特色馆等页面进行推广，大大提高了店铺的曝光率，可以提高订单量。

第三，增加店铺吸引力。

明星店铺推广可以设置不同的品牌词，展现不同的创意图为店铺进行引流，提高店铺对用户的吸引力。

第四，流量较为精准。

明星店铺展现的前提是用户搜索了品牌词。用户搜索品牌词说明其有比较强烈的购买意愿，可以给店铺带来精准的流量，提高转化率。

（3）明星店铺功能创建

明星店铺功能创建入口在拼多多商家后台，打开“推广平台”→“明星店铺”，即可进行操作。

第一，申请品牌词。

打开拼多多商家后台→“推广平台”→“明星店铺”→“品牌词管理”，点击“申请品牌词”，一次只能申请一个品牌词，审核成功之后即可使用该品牌词进行投放。

如果一家店铺里面有多个品牌商品，可以申请多个品牌词进行引流，不同的品牌词可以搭配不同的创意图。

第二，提交创意图。

创意图的要求如下：最小宽度是1080 px，最小高度是432 px；创意图中必须包含品牌名称，且与申请通过的品牌词保持一致；图片中不得出现诱导点击的因素，如“终于降价了”“领券立减”“即将售罄”“进店领取”等。

第三，创建推广计划。

品牌词和创意图都审核通过之后，在账户余额大于零的情况下，可以创建推广计划。

①选择品牌词。只能选择已经审核通过的品牌词。

②填写计划名称。计划名称字数不能超过20个，创建之后不能修改。

③每千次展示出价。每千次展示出价填写的范围为20～300元，只能填整数。

④每日消耗上限。最低值为100元。

⑤创意图样式。从已经审核通过的创意图中选择一张加入推广计划，如果没有已经审核通过的创意图，请先到创意管理中提交创意图，审核通过之后才可添加创意图。

上述信息填写好后，确认无误即可创建计划，计划创建之后自动发布。

第四，推广计划的操作。

推广计划发布后，可进行如下操作：

①暂停。对于正在推广的计划可以手动暂停；如果拼多多账户余额不足或者达到推广计划每日消耗上限将会自动暂停。

②启动。对于手动暂停的计划可以点击启动；对于因达到推广计划每日消耗上限而暂停的，如需启动，请先修改每日消耗上限，修改后该计划将会自动启动；对于因拼多多账户余额不足而自动暂停的，转入资金后，计划将会自动启动。

③编辑。编辑推广计划时可修改每千次展示出价、每日消耗上限和创意图样式，不可修改品牌词和计划名称。

④删除。如果删除推广计划，相应的计划将会暂停，并且该计划的推广数据也无法再查看。

第五，查看推广数据。

在拼多多商家后台可以查看推广数据，路径为“推广平台”→“明星店铺”，根据时间查询推广计划，可以展示所有推广计划在选定时间内的数据，包括曝光次数、点击次数、点击率、订单数、消耗金额、投入产出比和交易金额等。

5. 如何做好直通车推广

直通车是电商平台的一种广告投放方式，是一种按照点击付费营销推广的工具。商家可以通过购买广告展示的方式来提升商品的曝光率和销量。

最早的电商直通车是淘宝为商家量身定制的，是按点击付费的效果营销工具，实现商品的精准推广。淘宝直通车在给商品带来曝光量的同时，精准的搜索匹配也给商品带来了精准的潜在下单用户。

拼多多也有自己的直通车营销工具，借助直通车，商家可以推广店铺或单品。商家设置关键词出价，用户搜索关键词，直通车匹配到精准的流量即可给店铺带来成交。

（1）如何开通拼多多直通车账户

在拼多多平台上开通直通车账户，需要联系拼多多客服，提交相关资料进行审核，审核通过后即可。

商家开通拼多多直通车账户，需要满足以下条件：

第一，店铺销售额。

店铺需要在过去90天内至少有100笔有效的订单，且店铺销售额达到50万元及以上。

第二，店铺等级。

店铺等级需在三星及以上。

第三，信誉分。

店铺信誉分应在600分及以上。

第四，资质认证。

商家需要持有工商营业执照，注册资本要通过平台审核。

第五，押金与服务费。

商家需要交纳一定的押金和服务费用，具体金额取决于商家的注册资本和其他因素。

第六，其他要求。

商家需要提供相关的商品信息和服务承诺等资料，在开通直通车后的运营过程中，确保商品质量、发货时间并遵守平台的各项规定。

（2）直通车推广步骤

在直通车中设置广告投放，操作步骤如下：

第一，设置广告计划。

商家需要在拼多多的后台管理系统中设置广告计划。在设置广告计划时，需要选择广告类型、投放时间、预算等相关参数。商家可以根据自己的需求和目标来灵活调整这些参数，以达到最佳的广告效果。

第二，选择关键词。

在设置广告计划后，商家需要选择合适的关键词来触发广告展示。商家可以根据商品的特点、目标受众以及竞争对手的情况来确定关键词，或者通过关键词工具、竞争对手分析等方式找到合适的关键词。

第三，选择投放人群。

拼多多直通车支持根据地区、性别、年龄等人口统计数据进行广告投放，商家可以根据商品的性质选择合适的投放人群。

第四，选择投放位置。

拼多多直通车广告投放的位置有多种选择，包括搜索结果页、商品详情页、店铺页面等。商家可以根据目标人群的喜好和习惯，选择合适的广告投放位置。

第五，设定出价。

在选择关键词后，商家需要设定每个关键词的出价。出价的高低将直接影响广告的展示位置和点击率。一般来说，竞争激烈的关键词需要较高的出价才能获得更好的展示效果，而长尾关键词则可以适当地降低出价。

第六，编写创意。

在设置关键词和出价后，商家需要编写吸引人的广告创意。创意内容应该简洁明了，突出商品的卖点和优势，吸引用户点击。在创意中可以加入促销信息、优惠活动等内容，增加用户的购买欲望。

第七，监测和优化。

在直通车广告投放期间，商家需要不断监测广告效果，包括展示量、点击率、转化率等指标。根据监测结果，商家可以对广告进行优化调整，如调整关键词、出价、创意等，提升广告效果。

在拼多多直通车中，商家是可以随时停止广告投放的。如果商家觉得广告效果不理想或者需要调整广告计划，可以在后台管理系统中停止广告投放。停止投放广告后，之前的广告数据和设置将保留，商家可以随时重新启动广告。

（3）直通车推广注意事项

有些商家开通直通车后，推广效果有时候会不理想，直通车“开不动”，很可能是以下问题没有解决好。

第一，商品要有基础数据。

商品若是销量不足、没有评价、收藏率很低，就不适合开通直通车。如果一个商品连这些基础数据都不具备的话，即使开通直通车，效果也不会很明显，因为很难使用户产生信任感，转化率也不会太高。

商品有销量是确保直通车有效运作的基础。店铺商品如果没有销量，即便开通直通车，也很难产生显著的效果。进行直通车推广前，商家最好先努力实现促销商品销量破零，将商品做出基础销量。商家可通过报名拼多多新品活动和分享商品给身边的亲朋好友等方式来提升商品销量。

第二，图片要有吸引力。

商品主图要有吸引力，否则很难吸引用户，点击率也不会很高。图片不要根据自己的喜好来设置，要根据商品的实际情况突出卖点和优势，迎合目标用户的喜好。

测图的时候要尽量避开平台或者店铺的活动时间段，保证测试环境的严谨性。

第三，确保商品质量。

进入直通车推广的商品一定要确保质量，如果因商品质量问题而出现频繁的退款、退货、差评等售后问题，将得不偿失。

第四，开通直通车后要测款。

直通车还有测款的功能。对于新上架的商品，开通直通车后，主要看点击率，通常点击率在行业平均水平1.5～2倍之间的数据是比较理想的。

第八章

推手引流：借助多多进宝抢流量

在多多进宝推广模式下，“商家—推手—用户”形成一个完整的闭环，共同得利：商家可在拼多多商家后台设置商品佣金比例和优惠券；推广生效后，推手可通过多多进宝公众号或者App获取商家推广任务，分享商品链接到自己的微信群和朋友圈；用户通过推手分享的商品链接，以优惠价完成购买后，推手即可领取相应的佣金。

1. 借助多多进宝抢流量

多多进宝是拼多多平台旗下官方App，也是一款适用于商家与推手的营销工具。商家可以在多多进宝给推手设定一定的佣金比例，让推手帮助拼多多商家分享商品链接，实现推手获利和商品销售的双赢。

多多进宝支持一键推广，帮助商家冲上首页、增加搜索权重、提升分类页排序。用户也可以通过该应用一键查看海量的商品折扣福利，领取高额优惠券，享受领券加返现的双重优惠。用户使用手机号注册即可登录多多进宝。

（1）为何要设置多多进宝

多多进宝是帮助商家获取站外流量的工具。其优势表现在以下四方面：

第一，门槛较低。

多多进宝不要求商品的基础销量，新品也有可能上首页。多多进宝暂不支持以下商品投放：抽奖商品、千人团商品、已下架商品、已售完商品。

第二，获取站外流量。

尽管拼多多平台本身就是一个庞大的流量池，但总流量是一定的，如果商家能获得站外流量，将能带来额外销售潜力。多多进宝是获取站外流量的利器。多多进宝有海量外部合作优质渠道，设置佣金的商品将有机会被站外渠道获取，并进行推广，为商家带来增加流量的机会。

第三，提升日销，增加曝光，提升权重。

通过多多进宝投放的商品，如果能实现日销千单，次日就能报名其他有销量门槛的营销活动，如秒杀、品牌清仓、爱逛街等。店铺随商品得到曝光，被用户关注、收藏，在推广后继续产生购买。站外销量计入店铺权重，可以帮助商品登上榜单，获取更多站内流量。

第四，成本可控，性价比高。

多多进宝推广模式下，不出单不收费，商品成交后再结算佣金，成本可控，推广性价比高。

（2）多多进宝有哪些资源

多多进宝的资源主要包括站内资源和渠道资源。

第一，站内资源。

站内资源，即多多进宝官方网站。设置多多进宝推广的商品将会在多多进宝官方页面进行展示；设置全店佣金推广（见图8–1）的商品将会在全店推广的页面进行展示，获得推广机会。推广效果好的商品还将被展示在热销榜单中，获取优质推广流量。

第二，渠道资源。

多多进宝现在有海量优质合作渠道，如社群、朋友圈、公众号、小程序、导购网站、各类App、自媒体平台等。设置多多进宝的商品，将有机会被这些外部渠道抓取并进行推广。

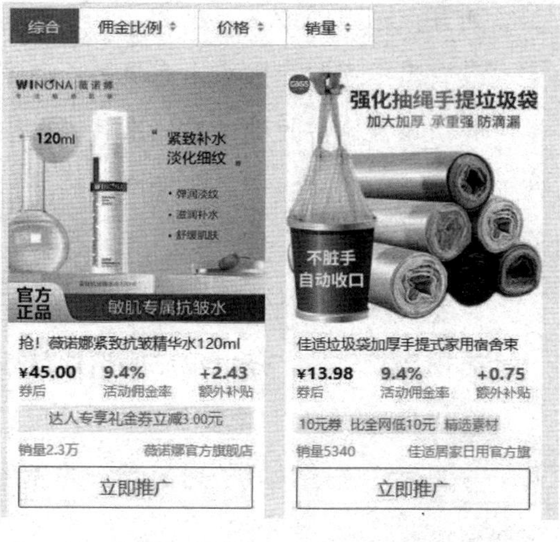

图 8–1　多多进宝的商品全店佣金推广设置页面

（3）多多进宝推广流程

多多进宝推广主要在商家后台进行，步骤如下：

第一，登录后台。

登录电脑端拼多多商家后台，找到“多多进宝”，然后点击“推广设置”入口，进入多多进宝投放页面。

第二，选择推广商品。

点击“单品推广”，选择要推广的商品，商家可以同时选择多个商品，目前拼多多支持商家同时推广100个商品，已经设置推广的商品不能再次勾选。

第三，设置佣金比例。

选择推广商品后点击下一步设置佣金比例，一般默认1%～50%，这是给推手的佣金，比例越高越能吸引推手。

第四，设置优惠券。

除了设置佣金比例，商家还需要设置优惠券来帮助推手推广商品。优惠券包含5个内容：优惠券名称、活动时间、优惠券金额、优惠券数量、每人限领数量。设置好之后，获取手机验证码并填写，点击发布即可。

第五，结算佣金。

只有当推手帮商家卖出商品后，商家才需要给推手结算佣金。怎么才算推广成功呢？用户收到货并确认后，审核期内无售后申请，或者是有售后申请但是售后申请未通过，即推广成功。过了审核期就算推广成功，无论有没有售后申请。

多多进宝佣金结算细则如下：

①用户支付后，按佣金比例把钱款划到推手账户。

②用户确认收货14天后，推手才可提现账户所得现金。

③若用户在确认收货后的14天内发生退货退款，则把商家货款和推手佣金原路返还。

④若用户确认收货14天后发生退货退款，则商家承担所有退款金额，推手佣金不需退还。

2. 多多进宝的推广模式

多多进宝有两种推广模式，即全店推广和单品推广。商家可以根据自己的推广需求，设置推广计划。

（1）全店推广

全店推广是针对店铺设置的推广计划，推广店铺将展示在多多进宝网站以供多多客选择。设置全店计划可以提高商家推广效率，更容易与推手形成长期合作，有机会增加店铺的曝光量。

全店推广的设置方法：

①打开商家后台，点击“多多进宝”→“推广设置”→“一键开通”。

②全店推广的佣金比例和优惠券设置：佣金比例必须设置，优惠券按需求设置。

（2）单品推广

单品推广有三种操作模式：通用推广、专属推广和招商推广。

第一，通用推广。

面向所有推手，所有推手的佣金比例和优惠券都是一致的，即统一佣金比例和优惠券。

①推广方式。

个人推手/团队推手手动或通过工具在多多进宝主站或App中采集推广商品，推送给自有的买家资源，达成交易获得佣金。

②推广建议。

通用推广如何操作才能实现最佳效果？建议采取佣金+优惠券的组合拳

玩法，即用佣金吸引推手进行推广，用优惠券吸引用户购买商品，其中佣金=（商品原价–优惠券）×佣金比例。

对于推手而言，除了较高的佣金比例之外，他们更在乎的是商品自身能带来多少成交量，即成交转化率。

影响成交转化率的因素有券后价（商品原价–优惠券）、商品本身转化数据（评价、总销量等）、用户来源（是否目标用户）。

多多进宝的渠道用户对于基础销量等影响购买的因素并不太看重，但他们对于价格的敏感度非常高，且对商品的特质认知非常清晰。因此，要想做好多多进宝，实惠的价格是首要因素。在同等条件下，券后价会影响成交转化率，推手通常会优先选择券后价较低的商品，以提高成交转化率，获取更大的收益。

综上，商品获得推手推广的因素占比排名为：券后价＞佣金比例＞日常销量。

③通用推广的优点。

通用推广的佣金比例可以自由设置，推广成本可自行控制。

例如毛利25%（刨除优惠券）的商品，佣金比例控制在25%以内，使用多多进宝进行推广才不会出现亏损。

④通用推广的缺点。

通用推广属于被动型推广，可控性较弱。通常，优质商品表现良好，中等商品效果波动较大，平庸商品门可罗雀。

第二，专属推广。

专属推广针对专属推手。设置约定好的专属推广计划，为其建立独立的佣金通道，其他推手无法获取专属佣金，只有对应专属ID的推手才能获取专属佣金。

①推广方式。

专属推广模式一般适用以下场景：商品需要把控推广节奏和销量，避免造成损失，从而达成特定的推广目标；或者以独家推广条件，和优质推手建立合作关系，达成预期效果。

②推广建议。

专属推广比较适用于要积累基础销量或快速起量的商品，适合在中期使用。

③专属推广的优点。

专属推广可控性强，佣金比例灵活，属于主动型推广。商家可以根据推广目标控制推广量与投入成本，还可追踪判断推手资源效果，与推手达成稳定合作。

例如15%利润率的新品基础销量需要破零，设置15%的佣金比例没有效果，设置20%的佣金比例又担心推广量无法控制导致投入过大，此时可通过专属推广设置20%的专属佣金比例给合作的推手，以达成推广目标。

④专属推广的缺点。

专属推广面向特定推手，爆发潜力较低，不易找到对应的优质推手。

第三，招商推广。

如果想让商品快速辐射到全网推手中，就要让推手之间相互介绍。招商推广的关键点在于给招商团长设置独立佣金，由其集中派发任务给推手。招商团长的独立佣金，就相当于推手的介绍费。

①推广方式。

招商推广是通过参与招商团长发起的活动，与招商团长达成确定的合作协议，设置沟通好的佣金比例和优惠券金额，实现确定性的营销推广。

②推广建议。

在商家后台“多多进宝”导航栏→“进宝首页”，点击进入“招商活动广场”，或者在商家后台“多多进宝”→“推广助力”点击进入“招商活动广场”，即可查看招商团长们发布的活动。商家可以根据招商团长近30天的数据，自行判断和选择优质的招商团长，商家选择满足要求的单品进行报名，经招商团长审核通过后即可推广。

③招商推广的优点。

招商推广的优点在于资源丰富、爆发性强、持久度高，属于主动型推广。在招商团长独立佣金的驱使下，一呼百应的联合式推广往往会促使商品销售出现爆发式增长。联合式推广有利于商品冲刺GMV（商品交易总额）。商品进入爆发期后，招商推广可以帮助其稳定销量，提升GMV，进入首页获得更大的曝光和流量。

④招商推广的缺点。

门槛偏高，投入较大，需要商家随时掌控好推广节奏。

3. 多多进宝的应用场景

多多进宝推广模式下，商家可在拼多多商家后台设置商品佣金比例和优惠券；推广生效后，推手可通过多多进宝公众号或者App获取商家推广任务，分享商品链接到自己的微信群和朋友圈；用户通过推手分享的商品链接完成购买后，推手即可领取相应的佣金。

在以上环节中，“商家—推手—用户”形成了一个完整的闭环，互相得利。

（1）多多进宝的应用场景

多多进宝常常被商家用于商品销量破零、测款和打造爆款商品。

第一，商品销量破零。

对于新手商家而言，商品销量破零是一个重要的临界点。如果自身没有较好的社交圈资源和丰富的拼多多店铺运营资源，在多多进宝寻找专业推手，通过设置高佣金吸引推手进行站外推广，可在短时间内轻松实现商品销量破零的目标。

为了快速实现商品销量零的突破，上架商品要敢于给出高佣金，如此才能“重赏之下必有勇夫”，吸引推手加入。通常，佣金比例要比同行高出5%～30%。

该推广阶段，利润并不是第一考量因素。为了快速实现商品销量破零，商家可以微利、零利，甚至亏损出售商品。目的是让商品销售数据更好看，让店铺权重得以提升。

第二，测款。

借助多多进宝进行测款时建议设置通用推广，具体可选择3～5款商品统一设置相同的佣金比例和优惠券；建议在23:00开始设置，1小时内设置好，可以保证次日0:00即可进行推广。

推广开始后，要随时记录商品ID、原价、券后价、佣金比例、实际销售价格、领券数、用券数。从9:00开始，每小时记录一次，持续记录到当天24:00。根据记录信息，结合测款要求，分析商品数据。

第三，打造爆款商品。

爆款商品是店铺形象的最佳招牌，同时也是店铺流量的一大来源，对店铺的经营意义非凡。通过多多进宝，可以高效打造爆款商品。

【案例1】

某冰丝防晒套袖，零销量上多多进宝，推广周期内累计销量达10698件。

第一阶段：高佣破零——佣金比例80%，优惠券3元，券后价7.2元，销量递增。

第二阶段：降券爆量——佣金比例80%，优惠券降为2元，券后价8.2元，销量递增至7000单。

第三阶段：阶梯型调整——佣金比例60%，优惠券2元，券后价8.2元，销量递增强度削弱。

第四阶段：佣金比例重新提升至80%，优惠券3元，券后价7.2元，商品直冲首页。

【案例2】

某男士隐形船袜，新店零销量入驻多多进宝并成功将这款商品冲上首页，销量直冲9000件。

第一阶段：高佣破零——优惠券5元，佣金比例80%，券后价8.9元，当日销量6000多件。

第二阶段：降低佣金比例——优惠券5元，佣金比例40%，券后价8.9元，销量一直递增，商品直接冲上首页。

第三阶段：阶梯型调整——上首页后，优惠券降为2元，佣金比例降为20%，券后价4.9元。

爆款商品的打造要注意核算成本，因为销量较大，商家要考虑推广成本和资金承受能力。如果是利润导向型，建议微利销售；如果是销量导向型，建议按照具体商品、竞品和消费需求，以及自身的资金实力，选择微利、零利或负利销售。

（2）多多进宝推广的注意事项

利用多多进宝进行推广，要特别注意以下两个事项：

第一，准确计算收益。

多多进宝有专享的优惠券，用户可在进入多多进宝页面后领取。那么，推手在推广成交之后，能够得到的佣金为：（商品主站页面价格 – 专享优惠券面额）× 佣金比例。

而商家每个订单的最终收益为：商品主站页面价格 – 专享优惠券面额 – 推手佣金 – 软件服务费。

也就是说，计算商品销售的最终收益，不仅要将推手佣金扣除掉，还要将优惠券面额和软件服务费扣除掉。

例如：

商品售价120元，设置30%佣金比例和20元优惠券（只在多多进宝显示），软件服务费为交易额的3%。

用户实付：120–20=100（元）（订单显示价）。

推手佣金为：（120–20）×30%=30（元）。

商家实收：120–20–30–［（120–20）×3%）］=67（元）。

注意，软件服务费比率是拼多多平台根据推手等级决定的，一般为0～50%不等。

第二，停止推广需要提前操作。

停止推广需要在删除商品后次日0:00才正式生效。因此，商家如果想要停止某件商品的推广，一定要提前一天删除商品。多多进宝专享优惠券若已发放给用户，那么用户在有效期内仍可使用。因此，商家若打算停止推广，要先删除剩余的优惠券再删除商品。

4. 商家如何找招商团长

招商团长是多多进宝的第三方服务群体，是链接商家与多多客的中间枢纽，也是多多进宝单品推广模式中招商推广的重要参与方。招商团长可为商家提供选品优化建议、制订推行方案和整合流量推送等服务，协助商家提高商品的站外销售量。

（1）招商团长的基本要求

拼多多招商团长要满足以下基本条件：

第一，了解拼多多平台。

招商团长需要对拼多多平台有一定的了解，包括其运营模式、推广方式和用户群体特点，以便更好地开展推广工作。

第二，具备市场推广能力。

招商团长需要具备良好的市场推广能力，包括熟悉社交媒体推广、电商流量变现等方面的知识和技巧，能够通过各种渠道推广商品，吸引用户购买。

第三，拥有销售技巧和服务意识。

招商团长需要具备一定的销售技巧，包括了解用户需求、良好的沟通能力和服务意识，能够为用户提供优质的购物体验。

第四，具备团队管理能力。

如果商家需要招募的是团队式招商团长，那么团长需要具备一定的团队管理能力，能够协调团队成员的工作，提高整个团队的推广效果。

（2）招商团长的招募渠道

招商团长的招募渠道主要有以下两个：

第一，拼多多官方平台。

商家可以通过拼多多官方的招商团长招募渠道寻找合适的人选。拼多多官方会不定期发布招商团长的招募信息，商家可以根据需求和条件选择合适的团长。

第二，招聘网站和社交媒体。

商家可以通过招聘网站和社交媒体等平台发布招聘信息，吸引有兴趣和合适条件的人才申请招商团长岗位。此外，商家还可以扩大招募范围，增加找到合适团长的机会。

（3）如何筛选优质的招商团长

商家要筛选出优质的招商团长，要学会看数据、多沟通、多对比。

商家可通过官方提供的招商团长排行榜，根据榜单上招商团长主推类目、笔单价、7天单品平均成交量、7天爆款商品数量，筛选符合自己店铺推广预期的招商团长（其中V标团长是官方认证的具备优质推广能力以及服务能力的头部招商团长）。

在榜单以及活动广场招商团长名称下方的团长档案，可以查看该团长的团队介绍、推广案例。此外，在活动看板上有招商团长近30天的招商活动数据，可重点关注以下方面：

第一，单品的目标完成率。

招商团长推广活动商品时会设置目标销量，比如1000单。该指标反映团长的实际完成情况。

第二，单品平均成交量。

该指标反映每个商品的平均成交情况，可以根据团长的活动数据，选择合适的招商团长。

（4）和招商团长的沟通技巧

筛选到意向的招商团长之后，通过招商团长榜单点击联系招商团长，围绕推广的商品力度（活动价格、多多客佣金、招商佣金）、推广的预期（活动库存、活动时间段）与招商团长进行沟通确认。和招商团长沟通时，涉及的内容大致如下：

第一，招商团长常合作的推手渠道。

第二，有没有将同款商品打造成爆款商品的案例。

第三，商品的目标单量以及完成时长。

第四，根据目标单量和节奏，需要设置优惠券和佣金比例。

第五，提供推广素材（如商品实拍视频、商品实拍图、试用商品等）。

（5）招商团长怎么收费

招商推广模式下，商品推广费由多多客佣金、招商佣金构成，招商团长收取招商佣金。

招商推广按照成交订单付费，不成交不付费。

（6）哪些店铺适合找招商团长

找招商团长进行招商推广的，通常是以下类型的店铺：

第一，需要商品销量破零的店铺，或是需要累计商品销量点评的店铺。

第二，短期内需要迅速提升累计商品销量的店铺。

5. 商家如何找多多推手

在多多进宝推广模式下，推手获得佣金；用户获得优惠；商家获得独立流量和高转化率。

其中，推手是一个关键纽带。多多推手，又称多多客，类似淘宝平台的淘宝客。多多推手可以在多多进宝找促销品并复制链接分享给用户，当用户下单后会得到相应的佣金。

要保证多多进宝的推广效果，首先得让推手愿意帮忙推广，也就是佣金比例要到位。其次是用户愿意买单，除了款式足够吸引人外，最好还有优惠券。所以衍生出“佣金+优惠券”的组合模式，也就是行话说的佣券多少。

（1）多多推手的类型

多多推手有很多种，一般可分为个人推手、团队推手、招商多多客、推手中介等。

第一，个人推手。

个人推手通常是拥有一些用户群体的推手，比如网红大V、自媒体人等，或是拥有一批QQ群、微信群的推手。

第二，团队推手。

团队推手通常是公司机构或大型推手团队，如返利网等。此类型推手拥有的用户资源比较庞大，同时还跟一些网红主播、公众号、门户购物网等有合作关系，推广能力较强，能接受各类目商品的推广。

第三，招商多多客。

招商多多客可以帮助商家联系推手，是商家和推手之间的桥梁。商家提报商品，招商多多客收取一定的服务费，主要用于商品推广或其他推广服务。

第四，推手中介。

推手中介有推手资源，即能够帮助商家寻找推手的人或机构，也可能本身就是推手。但无论他们的身份如何，最关键的是他们能够帮助商家找到推手。

（2）商家如何吸引推手

商家和推手之间是双向选择的关系，只有互相满意才能达成合作。商家如何才能吸引推手关注呢？

第一，店铺DSR评分要高。

推手在选择推广对象时，往往会查看店铺的DSR评分。该评分越高，越能吸引他们。

第二，佣金设置要合理。

推手之所以做推手，其实都是奔着一个核心目标去的：赚取佣金。因此，高佣金具备压倒一切的吸引力。

第三，商品性价比要高。

推手的目的是赚取佣金。那么，推手如何才能赚到更多佣金呢？首先，商家给出的佣金比例要高。其次，商品的性价比要高。性价比越高的商品，销量才会越高，推手才能赚到更多的佣金。否则，佣金比例再高，如果商品无法售出，佣金也等于零。

第四，设置好优惠券。

优惠券可以刺激用户购买，带来更多成交量，如此推手才能赚到更多佣金。

第五，设计好商品主图、标题和详情页。

商品主图、标题和详情页要做好，以利于后期转化，吸引推手推广。

（3）商家如何找多多推手

商家寻找多多推手，可通过以下方式和渠道进行：

第一，项目小二。

每个商家商品类目都有对应的项目小二，可直接找项目小二帮忙找多多客或者推手资源进行推广。

第二，在拼多多商家后台报名或发布推广任务。

商家登录拼多多商家后台，点击“多多进宝”→“推广助力”，进入页面后可以点击“立即报名”参加招商团长发布的活动，或者点击“发布推广任务”寻找多多推手。

第三，多多进宝QQ群。

随着多多进宝生态逐步完善，很多推手活跃在QQ群里。商家可以进入这些群，寻找合适的推手来帮忙推广商品，例如可以通过搜索“拼多多推手”“多多进宝推手”“多多进宝团长”等关键词进群。

第四，淘客群。

淘客群类似多多进宝QQ群，两者差别也不大，其实用户都是那些用户，只是平台不同而已。有条件的商家可以找淘宝客，让淘宝客来推广；如果他们不能推广，也会帮忙介绍朋友来做推广。

第五，论坛、贴吧。

除了商家需要找推手来推广商品之外，推手也会去找商家。有不少推手会在百度贴吧、豆瓣等网站上分享经验并留下联系方式，商家可以去加好友进行交流并寻求合作。

第六，搜索引擎搜索。

在搜索引擎中搜索关键词“拼多多推手”和“多多进宝推手”等，搜索结果中有很多推手编辑的文章，基本上都有其联系方式。

（4）多多客推广流程

商家在多多进宝后台设置招商推广后，将生成的推广链接分享给招商多多客，接着招商多多客将链接分发给推手们，推手们将其转成自己的推广链接后即可进行商品推广。具体操作如下：

第一步，商家在多多进宝后台新建通用推广后，再新建招商推广。

第二步，输入招商多多客ID，即推广者DUO ID，设置好佣金比例。

第三步，点击“复制链接”，将链接分享给招商多多客，让他们分发给推手们。

第四步，推手们在多多进宝后台的“链接转换工具”中将招商多多客的链接转成自己的推广链接即可开始进行商品推广。

第九章

大促活动：威力巨大的营销活动

拼多多平台上有种类繁多的营销活动，在拼多多上做活动是吸引用户、增加销量的重要方法。商家参与营销活动，一方面能够提升店铺人气，激活店铺氛围，提高店铺知名度；另一方面可以获取更多流量，实现更多成交量，增加店铺收入和利润。

1. 拼多多平台常见的营销活动

随着运营的日渐成熟，拼多多平台开发了种类繁多的营销活动。商家参与营销活动，一方面能够提升店铺人气，激活店铺氛围，提高店铺知名度；另一方面可以获取更多流量，实现更多成交量，增加店铺收入和利润。

拼多多平台常见的营销活动主要有两大类型：节日活动和其他官方活动。

（1）拼多多节日活动

拼多多作为中国知名的社交电商平台，每年都会举办多次大规模的节日促销活动，其中一些较受欢迎的活动包括：

第一，“6·18”购物节。

“6·18”购物节原本是京东的周年庆典活动，现在已经成为中国电商行业较重要的购物狂欢节，也是拼多多规模最大的夏季购物狂欢活动，通常从6月1日开始，一直持续到6月下旬。在“6·18”购物节期间，用户可以享受到大幅度的折扣和优惠，包括限时秒杀、满减、满返等优惠活动。“6·18”购物节也是品牌和商家推出新品和开展促销活动的黄金时期。

第二，拼多多生活节。

拼多多生活节聚焦于提供健康、美容、家居等生活用品，通常在春季和秋季举行。用户可以在这一时期选购各类生活用品，享受特价优惠。

第三，“8·8”会员节。

拼多多每年8月8日举办“8·8”会员节，该日是拼多多会员制度的发布日。“8·8”会员节期间，会员可以享受到独家优惠、积分返还和限时抢购等福利。

第四，“双11”购物狂欢节。

由淘宝发起的“双11”活动是目前中国最大的购物狂欢节，通常在11月11日举行。拼多多也会积极参与，推出海量商品和独家优惠，如超级折扣、秒杀活动和品牌特卖等。用户可以在这一天享受到较大的购物折扣，购买各种商品，从家电到服装，从食品到文化用品，等等，应有尽有。

第五，年末大促。

通常在年底举办，以庆祝新年和年终盘点为主题，提供超值福利。

第六，年货节。

年货节通常在春节前夕举行，为用户提供了选购过年所需商品的机会。用户可以在这一时期享受到优惠和促销，购买各类食品、服装、年货礼盒等商品，准备新年。

（2）其他官方活动

其他官方活动主要包括：

第一，百亿补贴。

百亿补贴是拼多多的大型活动之一，是非常受用户欢迎的活动。百亿补贴是拼多多官方支持的活动，参与的商家都通过了官方的筛选。用户对百亿补贴商品的信任度更高，商品价格也非常实惠，参与百亿补贴的商品销量会非常可观。

第二，破码通关。

破码通关是拼多多的官方活动之一，也是拼多多的流量入口之一。很多商家会在转化率太低无法增加店铺销量的情况下参与这个活动。商家在处理店铺库存时建议报名参加这个活动，该流量板块非常适合清货商家参与。

第三，限时秒杀。

拼多多限时秒杀在App第一栏，拥有庞大的流量。用户喜欢物美价廉的商品，限时秒杀可以让用户在价格上受益，非常适合门店商品冲量，也非常适合刚刚上架的商品参加，可以带动一波基础销售。对于新款商品，限时秒杀可快速积累销量，提高商品和店铺权重；对于爆款商品，限时秒杀可快速提高销量，之后再优化好直通车维持日销，有可能被个性化首页反选，从而进一步提高商品的曝光率。

第四，断码清仓。

断码清仓活动是针对一些过季换新的商家所做出的一个活动。比如一些季节性服装，在换季时容易造成货物积压，这时商家就可以考虑参加这个活动，清理多余库存，提升店铺动销率。

第五，新衣馆。

顾名思义，新衣馆活动就是新季衣服上架获取流量的活动。这个活动的商品一级类目一般仅限女装、女鞋、箱包、男装、男鞋、内衣裤袜、服饰配件、腕表眼镜、童装童鞋、运动服饰等。

第六，9块9特卖。

参加9块9特卖的商品基本上都是价格在9.9元以内的，走的是低价商品的路线，以快速获取流量、提升转化率，促成交易。

第七，多多排行榜。

多多排行榜主要是平台按照商品的自然搜索权重对商品进行排名。多多排行榜上的商品都有一个较好的权重排名，用户容易信赖这些排名靠前、销量较好的商品，这样一来商品的曝光率和流量提升相对也会比较容易。

第八，拼多多领券中心活动。

商家通过报名即可上新，享有领券中心资源位。在不被淘汰的情况下，可长期享有资源位，反之则不可以。

第九，拼多多电器城活动。

电器城好货引荐是长期的资源位，提报活动的时候不需要专门填写活动价，审核以日常售卖价格为准。因此，希望商家在报名之前定好价格，比其他平台低就好，不跟站内比价。

第十，每日好店活动。

每日好店是专门针对风格店铺开放的活动频道，目标是扶持风格统一、质好价优的店铺。该活动没有类目限制和品牌店铺限制，帮助在货源、生产等方面均有实力的店铺做商家自运营。商家可利用每日好店频道发放大额优惠券吸引用户收藏店铺，进行店铺访客数累积，然后不断优化商品，做好老用户运营，使老用户沉淀，形成商家的私域流量池。

2. 新手商家适合上哪类活动

新店要想快速打开局面，实现流量和销量的双重突破，就要积极参与平台的各项活动，但前提是达到活动的参与门槛。

（1）拼多多活动的参与门槛

拼多多活动往往会设置一些参与门槛，主要包括：

第一，开店时间。

拼多多新店开店时间需要达到一定要求才能报名参加部分活动，一般要求开店时间不少于7天或30天。

第二，实际销售额。

部分活动会要求新店在规定时间内达到一定的实际销售额才能报名。

第三，商品权重。

拼多多会根据商品的销量、评分等数据对商品进行权重排序，新店可以根据自己商品的权重来选择合适的活动进行报名。

（2）适合新店参加的活动

对于新店铺，以下几个活动特别适合参与：

第一，9块9特卖。

9块9特卖频道是小商品的聚集地，参与活动的商品价格不高，多以居家百货小商品为主，拥有百万级流量，“新人限时购”的资源位流量集中，可帮助活动商品在短时间内迅速冲千单，是新商家、新品的冷启动宝地。9块9特卖频道提供48小时反馈审核机制，商家可在较短时间内得知自己的商品是否通过审核，投入时间成本低。9块9特卖属于长期活动，每个参与活动的商品都能获得个性化推荐，商品销量表现好则可以一直留在9块9特卖的商品池中。

目前，9块9特卖频道资源位主要有“新人限时购”“4.9元封顶”“9.9元封顶”“19.9元封顶”。其中，“新人限时购”位于9块9特卖频道最顶部（见图9-1），门槛最低，对商品销量无要求，商家只需预备好大于2000件的库存，限量工具价为资源位活动价的六折，即可参与该活动。

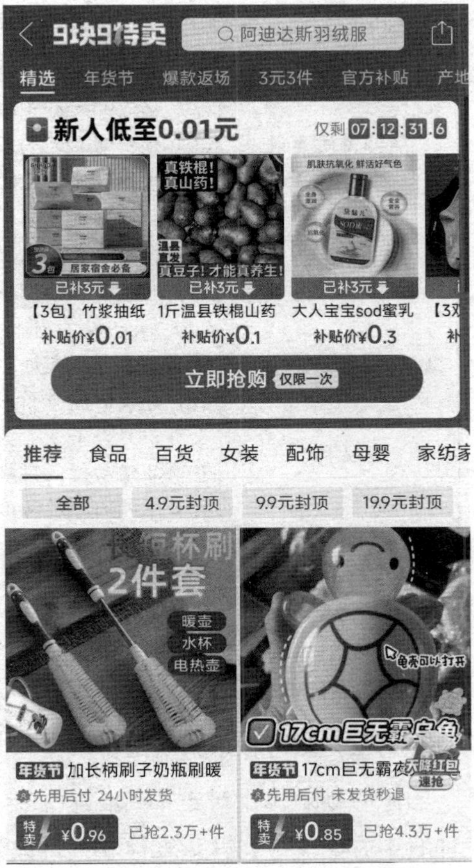

图9-1 9块9特卖频道主页

总体而言，9块9特卖是一种非常受欢迎的活动，并且对新手商家比较友好。参与此活动时，商品的价格需要在9.9元及以下，并且此价格是最近30天内的最低价格。如果商品表现良好，还有机会登上平台首页，增加销量和流量，提高店铺的曝光度。

第二，领券中心活动。

店铺参加领券中心活动不仅可以获取精准流量，还可以助力新品快速冲销量。报名审核通过后无须等排期，商品可直接上资源位获得流量，而且只要商品评分好，商家能及时补充优惠券，就可以一直霸占资源位，无须下线。新店报名领券中心活动需要满足如下要求（见表9-1）。

表9-1　领券中心活动的报名要求

店铺资质要求	①店铺近90天DSR评分高于行业30%。 ②店铺近90天有效评价数量不少于30条。 ③店铺中商品近30天因数据门槛（DSR评分中的商品描述指标）被淘汰出资源位的次数少于5次。 ④医药健康类目店铺需有资质才可报名
商品要求	①商品近30天描述评分高于行业30%。 ②商品当前拼单价小于等于近7天商品最低拼单价。 ③近7天，人工淘汰1次的商品不可报名同类型活动。 ④商品累计成交订单量最少30单（品牌商品暂无销量要求）。 ⑤部分类目拼单价/活动价不允许有区间价，比如女装、男装、女鞋、男鞋等。 ⑥商品活动价：拼单价相同的SKU，在报名促销活动时，活动价也必须相同；活动价需小于拼单价（未勾选时，默认活动价小于等于拼单价）。 ⑦被驳回10次的商品7天内不允许再报名同类型活动。 ⑧需要上传频道专用的活动列表图。要求图片清晰，无“牛皮癣”，不拉伸变形，无水印
不能报名的情况	存在违规的店铺、处于编辑状态或无主图的商品

第三，限时秒杀。

限时秒杀位于拼多多App首页第一栏的首位，直接面向最广大的用户，拥有千万级流量，转化率很高，可以帮助商品快速出货，在活动期间实现爆发式销售。限时秒杀时间短、见效快，可以帮助商品在初期快速冲销量，也可帮助店铺在季末有效清理库存、回笼资金。

限时秒杀的销量还能提升商品的搜索排位，助力商品在分类页冲排序，增加个性化推荐权重。限时秒杀虽然流量大，但是对商品的审核要求比较高，且需要排期，如果商家对自己的商品有足够信心可以考虑报名限时秒杀活动。

（3）报名参加活动的注意事项

新店参加拼多多平台活动，要注意以下几点：

第一，提前了解活动信息。

在报名参加活动前，商家需要仔细阅读活动的规则和要求，以便更好地了解活动的细节和注意事项。

第二，仔细查看活动规则。

活动的规则和要求是报名参加活动的重要依据，商家需要认真了解并遵守规则，避免违规，否则会被取消活动资格或受到处罚。

第三，提高商品质量和售后服务水平。

参加促销活动不仅需要降低价格吸引用户，还需要提高商品质量和售后服务水平，如此才能赢得用户的信任和支持。

第四，合理安排时间和资源。

参加促销活动需要合理安排时间和资源，包括人力、物力和财力。商家需要根据自己的实际情况制订可行的方案，避免因时间安排不当或资源不足而导致活动效果不佳。

3. 如何参加拼多多限时秒杀活动

拼多多限时秒杀指的是在限定的时间内可以用较低的价格拿下商品，这对于用户来说是非常有吸引力的，同时段会有很多人参与限时秒杀活动。

对商家而言，如果划分等级的话，拼多多的限时秒杀活动算得上是高级活动，短期内会有很大的流量导入，因此参加的门槛比较高。

（1）限时秒杀活动的报名规则

商家报名限时秒杀活动的主要规则有以下四点：

第一，确保商品规格一致。

报名参与限时秒杀活动的商品，规格要与提报时的规格一致。

第二，商品图片要清晰。

参与限时秒杀活动的商品的图片要求明亮清晰、浅色背景，突出商品的材质、规格及卖点等信息，并且不能有广告语在上面。

第三，禁止恶意引流。

参与限时秒杀活动的商家要遵守平台规定，严禁恶意引流。

第四，库存足够。

参与限时秒杀活动的商品最小规格的库存不能低于店铺平均库存的一半。

（2）限时秒杀活动的设置步骤

限时秒杀活动的设置步骤如下：

第一，登录拼多多商家后台，进入店铺管理页面。

第二，进入商品管理。

在店铺管理页面，找到并点击“商品管理”选项，进入商品管理界面。在商品管理界面，找到想要参与限时秒杀活动的商品，点击该商品的编辑按钮。

第三，设置限时秒杀活动。

在商品编辑页面中，找到“促销信息”或类似的选项，然后选择“限时秒杀”活动类型。接下来，可以设置秒杀活动的开始时间、结束时间、价格等相关信息。请注意，拼多多对于限时秒杀活动的时间设置有一定的限制，一般会在每天的特定时间段开放设置。

第四，提交并通过审核。

完成限时秒杀活动的设置后，点击“保存”及“提交”按钮，将设置的活动信息提交给拼多多平台进行审核。审核通过后，限时秒杀活动将在设定的时间段内生效。

（3）限时秒杀活动的保证金

不同类目商品参与限时秒杀活动需要交纳的保证金是不同的，最低为5000元。

在商家报名通过限时秒杀活动后，平台将依据排期在商家参与活动的前一个工作日的15:00前冻结该商家账户可提现余额部分的5000元作为本次活动的保证金，商家需要确保在这个规定的保证金冻结时间前，账户里面的余额大于等于5000元。假如在冻结期间商家的账户余额小于保证金金额的话，平台有权取消该商家参与本次活动的资格；如遇特殊状况，经商家与平台协商一致，能够继续参与本次活动。

如果商家因自身原因导致已确定排期的限时秒杀活动无法正常进行，且未在规定的期限内通知平台并阐明理由，平台将自预先锁定的活动保证金内扣除5000元作为违约金；活动保证金不足5000元的，以店铺账户内的店铺保证金或货款余额抵充，并且平台有权在此后30天内禁止该商家参与平台的任何活动。

如果商家因自身原因导致已确定排期的限时秒杀活动无法正常进行，商家应至少在该场活动开始的72小时以前通知其对接的运营人员并说明理由，平台有权在此后30天内禁止该商家参与平台的任何活动。

如果商家因违反平台协议或平台规则而受到平台做出的店铺惩罚，如全店商品下架等，其申请参加限时秒杀活动的商品将被取消活动资格，无论该活动申请是否已经通过审核或确定排期。

（4）参与限时秒杀活动的技巧

商家参与限时秒杀活动，需要掌握一些必要的技巧，以有效提升销售效果。

第一，定价要合理。

在设置限时秒杀活动时，一定要注意商品的定价。限时秒杀价格应该具有吸引力，但也不能过于低廉，以免影响商品的品牌形象和利润。

第二，优化商品信息。

在参与限时秒杀活动之前，务必对商品信息进行优化，包括清晰的商品图片、详细的商品描述和准确的规格参数等，以提高用户对商品的信任度和购买欲望。

第三，提前进行宣传。

在限时秒杀活动开始之前进行宣传是非常重要的。商家可以通过店铺公告、社交媒体、短信等渠道，告知用户即将到来的限时秒杀活动，激发他们的兴趣和购买欲望。

第四，设置限量销售。

为了增加限时秒杀活动的紧迫感和独特性，可以考虑设置限量销售。通过限制商品的数量，引发用户的抢购热情，提高销售转化率。

第五，提供优质服务。

在限时秒杀活动期间，确保用户服务团队能够及时响应用户的咨询和售后需求。提供优质的售后服务可以提高用户的满意度，促使他们成为忠实顾客。

4. 报名参加活动的注意事项

商家想在拼多多快速获取流量，参加活动是最直接的方式，例如限时秒杀、9块9特卖等活动都拥有巨大的流量。商家在参加活动之前需要做好准备，了解一些基本的规则和注意事项。

（1）保证金

保证金分两种：店铺保证金和活动保证金。各项活动的保证金交纳情况如表9-2所示。

表9-2　各项活动的保证金交纳情况

活动	保证金	
	店铺保证金	活动保证金
9块9特卖	需交纳	需交纳，金额不固定，具体受商品类别、活动规模、活动频率、商家信誉、平台规则等多种因素影响
领券中心	需交纳	无须交纳
每日好店	需交纳	无须交纳
限时秒杀	需交纳	需交纳

第一，店铺保证金。

店铺参加活动前，必须交纳店铺保证金，交纳的金额根据店铺的主营类目不同而有所不同。

第二，活动保证金。

店铺参与限时秒杀和9块9特卖的必抢超低价活动需要交纳活动保证金，交纳的标准如下：

若报名1个活动商品，需交纳5000元；

若报名2个活动商品，需交纳10000元；

若报名2个以上的活动商品，需交纳50000元。

活动结束15天后，若商家在活动期间未发生发货违规及其他违规行为且无售后投诉情况，活动保证金会自动解冻，并可在提现余额中进行提现。

第三，保证金的扣罚。

活动保证金是为了维护用户权益，冻结商家一定的款项，确保商家根据承诺提供商品和服务。所以，当活动中商家报名时允诺的库存不够导致无法按时发货，或实际销售的商品的信息与活动申请时描述的商品信息不相符时，平台有权依平台协议和平台规则对商家店铺进行处理。

如果商家在报名限时秒杀活动后因自身原因在距离活动开始不足72小时要取消活动，平台有权在此后30天内禁止店铺参与平台的任何活动，同时扣除5000元的保证金作为违约金。

（2）活动审核周期

商家报名参加活动后，要随时关注活动的审核状态，及时做出反应，尤其在运营排期后，商家必须在管理后台确认排期，否则将视为自动放弃活动。各项活动的审核时间如表9-3所示。

表9-3　活动审核时间

具体活动	9块9特卖	领券中心	每日好店	限时秒杀
系统审核	48小时	24小时	48小时	小于等于1小时（一般为10～20分钟）
人工审核	48小时	24小时	48小时	从商家报名的当天开始计算，3天内出审核结果（无特殊情况）
运营排期	仅必抢超低价活动需排期，活动前22天18:00前排期	—	—	从商家报名的当天开始计算，5天内排期。逢周六加1天（无特殊情况）
商家确认排期	仅超值量贩活动商家需确认排期，活动前1天14:00前商家必须确认排期	—	—	24小时（24小时内未确认视为自动放弃）

续表

具体活动	9块9特卖	领券中心	每日好店	限时秒杀
活动生效	通过即生效（仅超值量贩活动在确认排期后，按排期时间生效）	通过即生效	通过即生效	确认排期后且库存和价格符合要求则活动生效

（3）活动审核中、通过后的编辑规则

活动审核中，各项内容的编辑规则如表9-4所示。

表9-4 活动审核中的编辑规则

项目	9块9特卖	领券中心	每日好店商品报名	每日好店店铺报名	限时秒杀
商品标题	×	×	×	×	×
商品主图更换	×	×	×	×	×
商品详情页	×	×	×	×	×
库存增加	√	√	√	√	√
库存减少	×	×	×	×	×
涨团购价	×	×	×	×	×
降团购价	×	×	×	×	×
改活动价	×	×	×	×	×
删除商品	√	√	√	√	√
下架商品	√	√	√	√	√

注：表中符号“√”表示可编辑，“×”表示不可编辑。

活动审核通过后，各项内容的编辑规则如表9-5所示。

表9–5　活动审核通过后的编辑规则

项目	9块9特卖	领券中心	每日好店商品报名	每日好店店铺报名	限时秒杀
商品标题	√	√	√	√	×
商品主图更换	√	√	√	√	×
商品详情页	√	√	√	√	×
库存增加	√	√	√	√	×
库存减少	×	○	×	○	×
涨团购价	×	×	×	○	×
降团购价	×	×	×	√	×
改活动价	×	×	×	×	×
删除商品	√	√	√	√	×
下架商品	√	√	√	○	×

注：表中符号“√”表示可编辑，“×”表示不可编辑，“○”表示编辑后需运营审核通过后才可生效。

（4）活动的淘汰规则

商品审核通过并上线后，若在活动开始前或活动进行中出现如下情形之一的，平台有权立即取消商家的活动资格，终止商家参与活动。

第一，商家违反平台协议或平台任一规则。

第二，店铺近90天评分低于行业平均值。

第三，报名商品近30天评分低于行业平均值。

第四，报名商品近7天评分呈下滑走势。

第五，活动期间出现刷单行为。

第六，9块9特卖、限时秒杀活动是有末位淘汰制的，即报名商品在活动中综合值较低将会直接被淘汰出资源位。商品综合值由平台根据商品销售额、转化率、点击率、评分及评分走势、发货率等因素确定。

5. 商家如何备战大促活动

拼多多平台的大促活动主要有“6·18”购物节、“双11”狂欢节、年终大促、开年大促等节日性、季节性促销活动。这类大促活动宣传投入大、影响面广、流量巨大，商家要想在大促活动中分一杯羹，需要做好充分的准备工作，积极备战大促活动。

（1）制定营销计划

在大促活动前，商家需要制定详细的营销计划，包括活动主题、促销方式、商品策略、预算和目标等。根据计划有条不紊地推进各项准备工作，确保活动顺利进行。

（2）选品

拼多多大促活动中，报名的商家和商品有很多，但不是所有的商品都能在大促活动中取得想要的成果，因此选品就显得格外重要。不同活动的入场门槛和适合的商品是不同的，需要提前做好布局，针对不同的活动选择不同的商品。将店铺内最适合促销的商品放到最适合的位置，确保商品能够在大促活动中脱颖而出。

第一，选品要符合店铺定位。

选品要符合店铺的整体定位。要考虑店铺的用户定位是中高端人群还是低收入人群，店铺的商品定位是礼盒商品还是自用商品，店铺的整体风格调性是国风复古还是潮流二次元，等等。

第二，选品的基本维度。

选品除了要符合店铺定位，还可以考虑选当季热卖商品、刚需商品、受众面广的商品、转化率高的商品、复购率高的商品等。

第三，重点推潜力新品。

有潜力的新品能够避开同质化竞争，更容易获得流量加持，脱颖而出，成为新的爆款商品。

第四，不宜选的商品。

在大促活动中，有些商品是不宜入选的，比如不应季的商品、不符合平台当下发展需求的商品（比如仿名牌、低质量的商品）、销售情况不好的商品。

商家可以根据以上的维度，再结合自己店铺商品的日常销售情况综合考虑，确定大促活动的主推商品。如果想借活动的力度来推广新品，也是可以的，前提是一定要测款，先将新品投放到市场上试试水，千万不要浪费活动的流量。

（3）备货及仓储管理

大促活动期间，商品成交量往往非常大。为了避免货物不足、不能及时发货的情况，一定要提前做好备货和仓储管理工作。这是大促活动顺利开展的前提。

商家要对大促活动期间的销量进行初步预测。商家可以参考往年同类大促活动的销售情况，为今年大促活动的销售情况做关于备货量和出货量的判断。合理规划仓储的场地，做好人员安排，这有助于提高分拣的效率。

（4）宣传推广

宣传推广是提升大促活动流量和销售额的重要手段之一。商家可以通过社交媒体、广告、口碑营销等多种渠道进行宣传推广和预热造势，提高品牌知名度和活动曝光率。

第一，营造大促活动氛围。

商家要在大促活动前期做好带有大促活动标识的商品主图、详情页，突出优惠力度，从整体视觉上营造大促活动氛围。

第二，搭配促销工具。

预热期可以通过发放店铺无门槛收藏券来吸引用户，为大促活动引流。另外，短信营销可以为大促活动预热造势，提醒用户大促活动开始的时间，突出商品的优惠力度。

第三，加大推广力度。

大促活动前，商品的日常销售数据和权重是非常重要的，会使商品在大促活动中获得比较好的展现资源位。商家可以加大搜索推广和场景推广的力度，为商品大促活动做铺垫。

（5）价格策略

价格是吸引用户下单的关键因素之一，商家需要根据市场需求和竞争情况制定合理的价格策略。同时，商家可以推出一些优惠活动，如满减、折扣等，吸引更多用户。

（6）准备工作

大促活动前，商家还要做以下方面的相关准备工作：

第一，提前续订多多打单。

为保障大促活动期间顺利打单，请确认多多打单有效购买时长，避免因软件过期而影响使用。

第二，备好打印机。

大促活动期间单量涨幅大，建议提前准备多台打印机或配置高速打印机。

第三，设置模板。

提前设置好打印模板，包括发货单、快递单、备货单等模板样式，尤其是提前准备好需要添加的自定义文字内容。

第四，确认网络。

为避免因断网造成打单发货延迟/超时，建议提前准备好网络、上网卡，如断网可快速切换备用网络，确保服务。

第五，提前充值单号。

错峰充值，避开充值高峰期，保证单号充足。

（7）客服培训

客服是提高转化率的突破口，所以店铺的客服人员一定要熟知商品知识、优惠活动等信息，以便于更好地承接大促活动的流量，避免因不了解商品或者不懂得引导用户而流失用户。

6. 活动期间客服话术模板

拼多多店铺运营中，客服的重要性越来越突出。用户在确认下单之前常常会向客服咨询，想要从客服那儿更加详细地了解商品的方方面面。客服最重要的工作就是给前来咨询的用户答疑解惑。

在活动期间，店铺的流量会出现大幅增长，更考验客服的应对能力。客服人员不仅要及时回复用户的咨询，还要解决用户的问题，最重要的是要引导他们下单，任务非常艰巨。要想提升工作效率和商品转化率，提前学习掌握一些必要的客服话术有利于在咨询量较大的时候迅速回复用户。

（1）售前、售中话术模板

客服在和用户交流的过程中，要注意拉近和用户的关系，不要太生硬，要保持热情。

客服可以根据自己的用户群体选择一些个性化的称呼，比如“亲”“亲亲”“小主”“女王大人”“小可爱”“小仙女”“小姐姐”“小哥哥”等，拉近和用户的关系。

售前、售中话术模板如表9–6所示。

表9–6　售前、售中话术模板

话术类型	话术模板
欢迎话术	小哥哥/小姐姐，欢迎光临××店，我们正在进行××活动，关注店铺还可以领取××元优惠券哦
介绍话术	本店正在进行××大促活动，商品超低价，活动期间关注店铺还可以领取××元店铺优惠券，可以在折扣价的基础上使用哦

续表

话术类型	话术模板
快递话术	亲，如果您这边没有特殊要求，我们店是默认发××快递哦。由于活动期间快递很多，有些地区可能会出现爆仓现象，请您理解并耐心等待，谢谢
发货时间话术	小可爱，很抱歉，活动期间发货量非常大，我们会尽快在××时间内发货，请您耐心等待，谢谢
尺寸话术	①小哥哥/小姐姐，商品详情页都有详细的尺寸信息，您可以看看，根据自己的情况选择。 ②小哥哥/小姐姐，商品详情页有对应的身高尺码，尺码表的数据是根据实物测量得出的，可以根据自己的实际情况以及喜好来选择尺码哦。 ③亲，尺码建议仅供参考，请您参照页面详细说明进行选择，由于个人体型和穿着习惯不同，我们不能保证百分百合适，建议您做详细测量。我们有赠送您运费险，如后续由于尺寸不合适需要退货，可得到保险公司的运费赔偿
售后服务介绍话术	①小哥哥/小姐姐，本店所有商品均为品牌正品，支持专柜验货，假一罚十，可以放心购买哦。 ②亲，商品支持七天无理由退换货。但是必须保证商品未损坏、未使用，以及原包装和随箱物未拆封、未破坏、未丢失，否则不予退换。 ③运费补贴标准按照收发两地多家快递公司的最低首重费用确定。补贴金额之外的部分，如果是因为您自身原因申请退款（比如不喜欢、不想要）则由您自己承担；如果是因为我们的原因申请退款（比如质量问题、描述不符）则由我们承担
安慰话术	亲，很抱歉，目前咨询量大，不是有意怠慢，请您耐心等候，我们会尽快回复，谢谢您的理解和配合
催单话术	①××商品正在抢购中，亏本销售，活动量大，库存数量有限，机会难得，欲购从速哦。 ②亲，您拍下的商品还未付款哦，活动期间销售很快，还请尽快付款哦。 ③小哥哥/小姐姐，您拍下的商品还未付款哦，请尽快付款以便我们以最快的速度发货哦
结束话术	①感谢您光临我们店铺，期待下次为您服务。 ②小哥哥/小姐姐，您收到商品后有任何问题都可以来咨询我们，一定会帮您处理好的哦

（2）售后话术模板

售后话术模板如表9-7所示。

表9-7　售后话术模板

话术类型	话术模板
物流话术	①亲，帮您查询了一下，您的件已经到××，请耐心等待哦。 ②您的件已经到××，我们会帮您催促快递，请您耐心等待。 ③不好意思，因为活动期间订单量非常大，导致部分快递网点爆仓，派送时间会比正常时间稍微晚1～2天，给您造成的不便我们深感抱歉，恳请您谅解，会尽快为您派送哦。 ④小哥哥/小姐姐，很抱歉，因为包裹量大，商品在路上的时间比平常多了1～3天。我们这就帮你催促一下，同时也麻烦您再耐心等候一下
商品问题话术	①亲，您收到的××有什么问题吗？麻烦您拍个照片，我们好给您处理。（用户提供图片后，客服核实，属于商品本身质量问题就按照退换货流程处理） ②小哥哥/小姐姐，经审核，您所提供的商品照片展示的问题不影响整体效果哦，我们这边给您赔偿些金额，您自行处理一下，您看这样可以吗? ③非常抱歉，麻烦您把商品寄回来，运费由我们承担，我们给您换一件，很抱歉这次购物给您带来了不愉快的体验。 ④小可爱，如果不喜欢的话，麻烦尽快退回给我们哦，方便我们尽快给您处理退款事项，也欢迎您下次光临。退货地址：××××（不收到付件）
申请退款话术	①小哥哥/小姐姐，稍等，我帮您看看您的货有没有发出去哦。如果没有发出去的话是可以帮您处理退款申请的哦。 ②亲，您的货我们还没有发出去，要是确定不要的话，那我就跟我们的仓库说一下，不用给您发货了哦。 ③亲亲，不好意思，您的商品我们已经打单安排发出了，您要是确定不要的话，快递派件的时候麻烦您拒签一下哟，谢谢您的理解和支持
邀请评价话术	亲，收到商品了吗？如果您对我们的商品和服务都满意，希望您能给我们评价作为鼓励哦；如果我们有哪些地方做得不够好，希望您能给我们提出宝贵的建议，我们好改进。期待您的肯定和再次光临

第十章

直播带货：引爆流量的多多直播

直播带货属于引领式、体验式的即时决策性消费模式。直播意味着更高的时效性、更鲜明的话题性和更立体的视觉感官，能够带来更大的流量红利，其最大意义在于能够打破时空限制，充分发掘用户的潜在消费和延伸消费，具有更高的销售效率。

1. 从零开始了解多多直播

2019年，拼多多试水直播带货领域。2019年5月，拼多多宣布与快手合作，拼多多商家可借助快手主播资源做商品直播推广。

2019年6月6日，知名主持人周涛现身拼多多“6・18”官方直播间。作为拼多多首个明星推荐官，周涛的直播首秀吸引了1600万拼多多用户观看，很多商品上线即被秒杀一空，单场带货销售额超过1.4亿元，创下了拼多多平台直播带货新纪录，彰显了拼多多在直播带货领域的爆发力。

2020年1月19日，多多直播上线；2020年3月，开放MCN机构入驻；2020年4月，NBA前球星马布里在拼多多开启直播带货首秀；2020年9月，拼多多App首页上线了统一直播入口。

通过上述信息可以明显看到，拼多多布局直播的速度在变快，力度在加大。

拼多多直播带货正处于高速成长期。在该平台进行直播带货的开通流程及操作要点如下：

（1）多多直播开通条件

正常商家都可以开通多多直播，开通多多直播的商家要满足以下基础条件：

第一，实名认证。

商家必须完成拼多多的实名认证，通常涉及身份证和手机号码等信息。实名认证完成后，商家才有资格开通直播功能。

第二，拥有拼多多店铺。

商家需要拥有通过审核的拼多多店铺。如果尚未开店，则需要先申请开设店铺。

第三，满足类目要求。

不同类目的商品可以开通的直播服务不同。商家需要确认自己的店铺类目是否符合平台对于直播类目的要求。

第四，配备直播设备。

商家需要准备必要的直播设备，如摄像头、麦克风和电脑等，以保证直播质量。

第五，规划直播内容。

商家需要在开通直播前制定详细的直播计划，包括主题、时间和环节等内容，并且确保这些内容符合法律法规和拼多多平台的规则。

（2）如何创建多多直播

商家可以在手机端和电脑端创建多多直播。

第一，手机端创建直播。

打开手机App拼多多商家版，首页便可以看到“多多直播”，上传直播封面和直播标题，创建直播。

直播封面的要求如下：

①封面尺寸。图片尺寸为1∶1，大小不超过5MB。

②封面内容。凸显店铺、主打商品的高清图片；能够准确传递主旨信息，切勿过于花哨；尺度不宜过大；非拼接图片，不允许有纯色边框。

直播标题的要求如下：

①标题。16个字符以内。

②标题内容。简明扼要，表达直播主旨。

③标题具体要求。以介绍当场直播/店铺特色/商品信息为主，如大牌女装限时开抢等；切勿出现无意义文字信息，如aaa、啊啊啊等；切勿出现“天下第一”“最好”等极限词；不要出现任何官方或第三方平台信息。

第二，电脑端创建直播。

目前拼多多平台已开放电脑端直播， 路径为：打开电脑端拼多多商家后台的“首页”→“店铺营销”→“多多直播”，或者直接登录多多直播网站进行创建。

（3）多多直播的基本功能

目前，多多直播具有以下功能：

第一，添加直播商品。

可添加本店商品或其他有直播权限店铺的商品。注意：添加其他店铺的商品需要通过商品ID添加。

第二，美颜、滤镜、镜像。

美颜、滤镜、镜像等功能，可一键操作，在正式开始直播前，可以进行画面和声音的调整。

第三，想看、讲解。

如果用户开启想看、讲解，商家可点击“立即讲解”为用户讲解。

第四，小红盒。

小红盒是直播间的商品列表汇总，用户可点击“小红盒”查看本场直播的商品清单。

第五，直播专享券。

用户仅能在直播间领取，可在直播间下单时使用，直播专享券价格不计入平台商品历史最低价。

第六，直播粉丝券。

直播间内限时限量领取的大额商品优惠券，该券价格不计入平台商品历史最低价。用户需要关注店铺且分享店铺链接至微信或朋友圈才可以领取，可以帮助直播间裂变，增加关注、分享。优惠券要求达到商品五折及以上的优惠力度。

第七，店铺子账号。

在店铺主账号发起直播后，所有店铺员工都可以进行店铺子账号的相关操作。目前子账号支持“添加商品”“发粉丝红包”“禁言”“操作想看讲解”功能。

第八，短信营销。

商家可以利用直播中的手机，点击“营销工具”→“发送短信”，根据对应的需求进行操作，对自定义人群发送短信可在店铺后台（右侧菜单栏“店铺营销”→“短信营销”→“店铺直播推广”）操作。

第九，打赏功能。

多多直播支持商家在直播过程中收取礼物，打赏功能已开放给全部商家使用。如果商家直播时无法收取礼物，建议将拼多多商家版App更新到最新版本。

目前，对于用户赠送的礼物，平台提成50%，商家提现暂不收取手续费。商家可以在多多直播页面右上角点击“钱包”按钮进行提现。

多多直播最低提现门槛为5元，48小时内到账至微信余额，若超过48小时未到账，需要商家重新操作提现。

2. 做好直播带货的准备工作

直播带货中，大部分直播间看上去非常简单，出镜的往往只有主播一人，但是，一场完美的直播带货活动，需要做大量的前期准备工作，比如挑选主播、精选直播商品、设计直播脚本、布置直播间、检查网络和相关设备的稳定性、主播熟悉商品及直播脚本等。

所有在直播时可能用到的东西都要提前准备、布置，千万不要等到直播开始还在手忙脚乱找东西。这样不仅会打乱直播节奏，还容易给粉丝留下不专业的印象。

（1）挑选主播（团队）

主播是直播带货的核心和灵魂人物，对于一般的商家而言，可以挑选自己店铺中的工作人员来做主播。在挑选主播时，可以从员工的普通话标准程度、外貌妆容等方面出发，选择适合自己店铺的主播。有条件的商家可以多准备几名主播，当遇到促销活动或直播场次增多时，各位主播就能以更好的状态轮流直播。

如果内部工作人员不具备直播带货的能力，或者商家想追求更好的直播效果，可以从外部找一些达人主播进行带货合作。

不同主播、不同商家、不同目的的直播带货，其人员配置各不相同，具体需要根据自身发展阶段、商品类目、预算情况等因素综合考虑。

对于小商家而言，一个主播加一个运营兼场控就能支撑起一场直播；而对于大品牌、有实力的商家而言，则需要搭建包括主播、副播、助理、场控、运营、导播、商务等岗位在内的直播团队。不同实力的商家有不同的直播玩法，对团队成员配置的要求也不一样。

（2）精选直播商品

在确定好直播主题后，要为本场直播精选直播商品。选择切合直播主题的商品能够更好地提升售卖转化率。主播必须在直播之前详细了解选择的商品以及相关知识，保证专业度，为推荐的商品设置一个或者多个惊喜亮点。

（3）设计直播脚本

直播脚本，简单来讲，就是直播带货的剧本。

一场成功的直播离不开一个设计严谨、逻辑严密、条理清晰的脚本，有脚本指导的直播带货活动才能有头有尾，有开篇有高潮。直播脚本就像电影的大纲一样，让直播带货活动有一个统一的规划；让整场直播带货活动能有条不紊地推进；让主播能有效把控直播的节奏，规范流程并达到预期的目标；让直播效益实现最大化。

同时，设计合理的脚本，可以有效减少直播过程中的突发情况，避免出现直播中断、冷场、主播尬聊等意外情况。

直播脚本分为两大类，一类是单品脚本，一类是整场脚本。

第一，单品脚本。

单品脚本，即关于直播间单个待销商品的脚本。单品脚本通常包括商品的基本特征、出品方、卖点和利益点、优惠折扣方式等内容。

单品脚本要让主播能够在短时间内简单直接地向直播间用户描述清楚商品的基本情况和卖点，说服用户下单购买。

单品脚本建议以表格的形式呈现，这样能非常清晰地体现商品的卖点和利益点（见表10-1）。

表10-1　单品脚本示例

产品介绍	品牌、款式、面料等
利益点	折扣价、最低价、买一送一、包邮
引导转化	限时限量
	对自己好一些
直播间关注点	关注主播、关注店铺
	分享直播间
	点赞
	下单

第二，整场脚本。

整场脚本贯穿直播带货活动的全流程，是该直播活动的一个总体规划和安排。其内容主要包括以下五方面：

①开场互动。

直播开启后，主播要首先同直播间用户打招呼，进行初步的互动。

②商品介绍。

对直播间商品情况进行大致介绍，如商品类型、数量、优惠措施等，吸引用户持续观看直播。

③单品介绍。

即逐个介绍商品，描述商品的卖点和特色，爆品和特色商品要穿插在其余商品之间，重量级商品往往放在最后介绍。

④激励环节。

即通过抽奖、赠品、红包等福利方式回馈直播间用户。

⑤直播预告。

在直播即将结束时，给出下场直播的预告信息。

在一场长达数小时的直播中，主播需要不停地介绍商品并回答用户的问题。因此，主播要提前熟悉直播脚本。

（4）准备直播设备

开播前，要准备好相应的直播设备，比如手机、电脑、相机、手机支架、灯光设备、麦克风、提词器、商品展架、白板等。早期的直播带货，主播凭借一台手机就可以完成直播。但随着直播电商的进一步发展，直播带货的规模越来越大，直播间阵容越来越豪华，为了带给用户更好的观感和视听效果，提供更完美的直播带货场景，直播所需要的设备也越来越多，越来越完善。

直播间没必要追求高配置，能满足直播要求，保证整洁、干净、明亮即可。

3. 如何向直播间引流

直播之前的宣传预热是必需的环节。通过宣传预热，对目标用户群进行精准触达，提前给直播间造势，为直播间引流。

在这个分众时代，如果不提前对用户进行精准预告、精准传播，即使是实力商家和品牌、顶流主播的直播间也会遭遇流量荒。

（1）选择活动资源位上的商品

直播选品建议优先选择活动资源位上或其他正在推广中的商品，多多直播最多可以添加100件商品，用户可以通过小红盒查看。如果小红盒中的商品本身曝光量很大的话，就会有更多人进入直播间。活动资源位上和正在推广中的商品本身就具备更多的曝光量，具有爆款潜力，不仅能够向直播间引流，也能在直播间引起热度、促进转化。

（2）利用短信营销工具引流

短信营销的成本低，可以触达大量群体，非常高效。

拼多多的直播平台，已经开通了专门的短信营销服务。商家可以通过发送短信的方式，吸引用户快速地进入直播间。商家也可以提前1～2天向用户发送短信，写明直播时间和直播链接，让更多用户进入直播间。

（3）通过多多搜索、多多场景、聚焦展位引流

多多搜索、多多场景、聚焦展位都推出了直播间推广计划，商家设置之后，直播间就会出现在相应的广告位，用户点击后可直接进入直播间，是非常高效的直播间引流方式。

（4）商品详情页引流

商家只要在直播间挂上自己店铺的商品，用户在浏览商品的时候就可以看到商家的直播间。

（5）店铺关注页面引流

每个拼多多用户都有自己的关注页面，如果用户关注了某家店铺，当该店铺开播时用户就可以看到并进入直播间，这是最佳的直播私域流量池。在平时的店铺运营中，商家要多引导用户关注店铺，积累店铺粉丝和私域流量。

（6）客服引流

如果有用户在直播前对店内商品进行咨询，客服就可以进行直播活动的宣传，引导用户观看直播，告知对方不仅有主播试用、试穿等商品讲解，还会有直播间限量折扣等，为直播间引流。

（7）红包引流

商家在直播间发红包也能快速积累直播流量。红包金额不用太大，能活跃气氛、提升用户互动效果就可以。

（8）站外引流

开播前，商家可以将直播链接分享到微信群、QQ群等社交平台。

开播后，商家也可以将直播间的链接分享至朋友圈、QQ群、微博、抖音等社交平台，将其他平台的流量引入自己的直播间，增加观看量和粉丝量。

此外，直播带货预热文案一定要直接点明直播间的优惠力度和福利措施，这样可以使用户觉得进入直播间有便宜可占，往直播间导流的效果才能出来。比如“塑身裤原价99元，12月1日直播间00:00秒杀39元”等文案。

（9）转发抽奖，提升参与度

不管渠道用户有多少，预告宣传达到用户裂变效果才是我们的最终目的。如何才能实现裂变效果？激励用户转发是关键，商家可以通过一些平台的互动抽奖方式，让推广文案传播得更广。

商家可以在微博、微信公众号发布推广文案，提前放送福利，号召大家一起进行有奖转发宣传，比如“关注+转发/评论留言，抽1人送iPhone 12”，或者“转发这篇文章有机会领取红包、大额抵用券、电脑等惊喜福利”。

奖品的设置要量力而行，既要考虑预算，又要考虑对用户的刺激度。奖品既不可太昂贵，超出预算，也不可太鸡肋，根本激发不起用户的参与兴趣。

4. 直播间的涨粉技巧

边直播、边带货、边涨粉，这是直播带货的理想状态。

新增粉丝可以沉淀至商家的私域流量池，后期通过各种营销活动对这些用户进行强触达，能够进一步提升自己店铺的用户访问量和购买转化率。对于品牌商家和强风格属性的店铺来说，精准用户的运营和维护不但能提升品牌和店铺的知名度，也能提高用户复购率，为店铺的商品带来源源不断的销量。

图 10-1 容胜旗舰店主页

直播的目标不仅仅是成交，还包括引导用户关注店铺。

拼多多店铺容胜旗舰店（见图10-1）于2020年3月1日正式运营，主营商品是妈妈装。该店于2020年3月1日开始首场直播，其直播概况如表10-2所示。

表10-2 容胜旗舰店的直播概况

直播时间	7:00到23:00，每天开播
主播	4个主播轮流上场，每人每天直播4小时
直播团队	共8人，含主播、场控、直播助理、直播运营等
直播目标	前期以涨粉为主，后期进行粉丝维护，挖掘粉丝消费潜力，提高商品销量
新增关注	3月新增关注超100万
直播间GMV	3月直播间GMV为160万，占全店GMV 的80%

容胜旗舰店之所以能在短短一个月内涨粉超100万，同其精准的定位和成熟的直播团队运作是分不开的，其在直播间的一些互动涨粉措施值得同行借鉴。

第一，主播介绍。

主播开场自我介绍，取一个好记、亲切的昵称。

第二，直播互动。

①打招呼。

和熟悉的用户互动，通过打招呼的方式让经常来直播间的用户产生宾至如归的感觉。

②商品介绍。

直播运营会在直播前写好直播脚本，主播通过脚本提前了解过款顺序，熟悉服装的材质、尺码、风格、搭配以及适合人群等信息。在过款时，通过讲解、试穿、回答问题等方式介绍商品。

③试穿。

试穿主推商品和用户指定的商品。

第三，直播福利。

容胜旗舰店的直播福利也是吸引用户关注的重点所在。

①红包。

不定时发放红包，发红包时引导用户关注店铺。红包可大可小，一般平均一个红包0.5元即可。

日常一次发20个红包共10元，但在参加平台活动时，如直播排位赛等，每次会发400个红包共200元，每隔几分钟发一次，多的时候一天会发出3万元红包。

②签到有礼。

引导用户在直播间连续签到，连续签到15天送一件衣服，借此形成粉丝黏性。

③直播间专属券。

主推款设置直播间专属券，面额根据成本设为20元、30元、50元等，券后价有微薄利润就行，在直播间尽可能让利，累积销量。

除了借鉴以上成功经验，还有一些直播间涨粉技巧值得学习。

第一，保证直播频次。

不管是做短视频还是做直播，都要保证频次，固定更新或开播的时间，以持续涨粉，不然很容易被人忘记。

尽量保证每天直播或者每周进行3～5次直播，每次直播的时间尽量一致。例如，每周一、三、五晚上8:00准时开播，保持这个频次直播，不仅可以持续涨粉，还有助于提升直播间权重。

第二，主播要充满激情。

主播带货时要做到激情四射，让用户受到其正向情绪的感染，激励用户关注、下单。如果主播态度敷衍，情绪低落，以完成任务的心态进行直播，干巴巴地介绍商品，不和用户互动，不善于调节直播间气氛，这样的话，用户必然没有参与感，直播间也没人气，更谈不上直播涨粉。

关于主播的直播情绪，某网红主播这样建议："开播前还要做一些情绪的准备。任何一个主播私底下可以非常沉默、冷静，但是开播后，情绪非常非常重要，没有一个人喜欢看主播读稿，要在直播过程中保持一定的激情。即使你上播前一分钟在哭，上播后一定要是积极正能量的状态，不能把负面情绪发泄给用户。保持良好的情绪才能让用户跟着你走，吸引更多喜欢你的用户。"

第三，直播间要充满趣味。

尽管直播的目的是卖货，但如果一直都是干巴巴地叫卖，用户会觉得非常无聊；如果加入有趣好玩的内容，用户就会好奇并关注，后续会再来直播间。

比如，有家店铺是卖瑜伽服的，请专业的瑜伽老师来直播间教瑜伽，专业和有趣的内容成功吸引众多用户来看直播，商家直播商品的销量也在3个月内翻了2倍。

再比如，主播是卖鞋包的，可以教大家怎么搭配鞋子，输出一些关于搭配技巧的内容，久而久之用户就会被主播的内容吸引住，就会关注并定期来看直播。

第四，给粉丝设置专属福利。

给关注直播间的粉丝发放对应的粉丝福利，如给粉丝起专属的昵称、定期给粉丝回馈福利、设置粉丝会员日、开展宠粉节等。比如有家卖鞋子的店铺会定期开展粉丝节，活动期间仅限粉丝可以参与抽大奖、送鞋子等活动。

第五，长期福利吸引用户关注。

直播间清晰明了的活动和商品优惠节奏能吸引用户长期关注和留存。在直播间给用户预告本周哪几天有什么活动、有什么商品、有什么优惠。明确的活动玩法与时间点预告会自发地引导用户关注。比如有个卖鞋子的商家在直播间长期做活动，每天定时准点抽奖送一双鞋子、送各种赠品等。

第六，直播带货要保证商品质量。

最终支撑主播长期走下去、让用户对主播不离不弃的根源还在于商品。所以商家要保证商品质量，只有商品质量有保证才能让用户留下来。

第七，店铺自播有助于涨粉。

随着直播电商的发展，越来越多的商家从原本单一地找达人直播带货，发展为品牌自播与达人分销并行。

值得注意的是，商家自播有利于沉淀品牌用户资产，帮助品牌快速形成长期稳定的营销阵地；达人带货则可以帮助品牌拓展更加广泛的用户群体，提高知名度和覆盖度。

第八，尽量固定主播人选，不要随意更换。

主播就像我们熟悉的品牌logo，用户会因为熟悉了logo而对商品有亲切感和信任感。所以商家尽量不要随意更换主播，否则容易流失用户。

5. 直播带货的成交技巧

直播的最终目的是带货，没有成交订单的直播带货活动等于白费工夫。主播和直播间团队成员始终不要忘记最终使命——做好商品讲解，借助一些必要的成交技巧，将用户往成交的方向指引，说服用户下单。

（1）商品价值成交法

带货主播要始终牢记自己的目的——销售商品，其实，大部分用户进入直播间的目的也是想买到适合自己的实惠商品。主播在直播间进行互动的同时，不要忘记向用户传达商品的价值所在。

在商品价值塑造上，主播可借助FABE法则。FABE法则是由美国俄克拉何马大学企业管理博士、中国台湾中兴大学商学院院长郭昆漠总结出来的销售法则，它通过四个关键环节，极为巧妙地处理了用户关心的问题，从而顺利地实现商品的销售。具体来说，它分为四个部分，分别是Features（特征）、Advantages（优点）、Benefits（利益）、Evidence（证据）。

第一，Features（特征）。

即商品的特质、特性等最基本特征，以及它是如何用来满足用户的各种需求的。例如：我们这件上衣是真丝材质的。——真丝就是衣服的材质特征。

第二，Advantages（优点）。

A是由F所产生的优点，也就是F所列的商品特征究竟发挥了什么功能。例如：真丝服装有一个特点，就是非常柔软。——柔软是真丝带来的优点。

第三，Benefits（利益）。

B代表A能带给用户的利益，也就是能带给用户什么好处。例如：真丝服装穿上去非常舒服，柔顺丝滑，很亲肤，而且面料超有质感，给人很高级的印象，我们试穿时都不想脱下来。——舒服是真丝服装带给用户的利益。

第四，Evidence（证据）。

E代表证据（Evidence），用来证明之前所说的F、A、B是有事实依据的，不是凭空捏造出来的。例如：我说如果你们喜欢就每人买一件吧，结果他们真的每人要了一件。——这里采用的是用户购买的证据。

把上面的话术连在一起就是：

主播在介绍商品的时候，可以借助FABE法则来设计话术，有理有据，让直播间用户能够沉浸到主播的讲解中。这样不仅能起到留人之效，而且能最大限度激发他们的购买欲望。

（2）卖点成交法

所谓卖点，简单来说，就是一个让用户接受的消费理由。最佳卖点也就是最强有力的消费理由。

商品的卖点可以是品牌、成本、功效、品质、产地、包装、性价比等。商品的卖点可能有很多，但每个商品都有它的核心卖点。传达销售主张的卖点必须强有力，以此来打动用户下单购买商品。

任何一款商品都会有非常多的卖点，但在直播讲解时切忌面面俱到。比如美妆商品可能有祛斑、美白、去皱、淡化细纹等功效，但不能每个卖点都详细讲解，一是时间不允许，二是无法突出核心卖点，如果不能让用户产生眼前一亮的感觉，用户也就不会产生强烈的购买欲望。

主播在推荐商品的时候，要着重讲解商品的1～2个卖点，并将核心卖点讲透，用多种方式证实自己的观点，于是就形成了独特的销售主张，直播间的转化率就非常高。

（3）痛点成交法

痛点，是一切销售的诱因，更是一切商业和商品的根本策动点，直播间销售也不例外。

主播要做的，就是发现某个问题，然后解决某个问题，最后直截了当、义正词严地告诉用户："我能帮你解决这个问题，如果你有这个问题，就选择我。"

痛点成交法包含以下步骤：

第一，提出问题。

结合消费场景提出用户痛点以及需求点。

第二，放大问题。

把容易忽略的地方尽量放大，再结合商品介入。

第三，引入商品。

以解决问题为出发点，引入商品。

第四，给出证据。

结合商品的核心卖点，给出能解决某项问题的证据。

例如："春天来了，姐妹们是否因为换季，脸上开始爆皮？（提出问题）是否上妆后开始卡粉？怎么补水都不见效？（放大问题）主播给大家推荐的这款面膜（引入商品）主打保湿，不含酒精色素，这是检测报告（给出证据）……"

（4）福利激励成交法

主播要把握好直播间福利激励措施的推出节奏，不可一股脑全推出，否则会导致用户因为没有了期待而退出。因此，主播必须把握发福利的节奏，时不时地给用户制造一些惊喜。

第一，定时发放福利。

可以定时发放红包，比如每半小时发放一次红包，但不强调具体时间，以免某些用户特意等固定时间前往直播间领福利，领完之后又很快退出。如果发放的是现金红包，主播可以这样说：“我今天给大家准备了××元的红包，我会分××次发出去，从现在开始，大概每半小时发放一次。所以，要想抢现金大奖，一定不能离开我的直播间哦。”

第二，根据点赞量派发福利。

许多平台的直播间都有点赞功能，主播可以提醒用户，当点赞量达到一个具体的数字时，就会派发福利。这样用户便会在直播间一边观看直播，一边点赞。由于什么时候达到预定点赞量是个未知数，所以无形中增加了用户的停留时间。

第三，不定时重复福利信息。

直播间人进人出，为了让新进入的用户及时了解优惠福利信息，提高随机成交率，主播需要根据直播间的流量情况，不定时地重复福利措施和优惠信息。

例如，某品牌女装店的主播会这样提醒：“刚刚看了一下，又有很多宝宝进入了直播间，我再给这些新朋友重复一下当前这款商品的优惠信息。这是直播间定制款，现在买二发三，前十名下单的宝宝还能享受五折优惠。另外，当直播间的人数达到指定人数后，我还会为大家发放各种福利，还有免单机会哦！一定不要走开。”

（5）限时限量秒杀成交法

心理学上有一个名词叫“损失规避”。研究表明，对于同样数量的东西，人们在失去它时所遭受的痛苦要远远大于得到它时所带来的欢乐。换句话说，人们对损失的反应要比得到的反应敏感得多。相对于得到，人们更不能容忍损失，因此，就会有意无意地避免损失。这种心理，就是损失规避心理。

我们在日常消费中，无论是在线下消费还是在线上购物，都会遇到各种各样的促销打折活动，其中又以限时限量秒杀较为常见，也较为有效。

主播要善于通过限时限量秒杀活动来制造商品的稀缺性。越是稀缺的东西，人们往往越是趋之若鹜。要让直播间用户明白，如果不抓紧时间下单购买，特价促销的商品很快就会断货、下架，用户就会错过，遭受损失。

话术参考如下：

①“数量有限，如果您看中了一定要及时下单哦，马上就要卖完了哦！”

②“先付先得，最后1分钟！想要的宝宝不要犹豫了，活动马上结束了！”

③主播（问助手）：“咱们1号链接的商品还有多少件？”

助手：“就剩5件了！”（声音要急促、要响亮）

主播：“就剩下最后5件了，要下单的朋友们抓紧了！”

6. 如何进行直播带货复盘

直播带货活动结束后，最重要的事情是什么？是复盘。直播复盘的目的，是总结成功经验，吸取失败教训。这样在接下来的直播带货活动中才能少走弯路。

现实中有80%以上的商家在直播后根本不去复盘或者不会复盘；有70%以上的商家不会看直播数据。不去复盘就不会知道直播的问题出在哪里，更不会知道怎么去优化，然后带着一堆问题接着播下一场。这样的直播间怎么会精进和提升呢？

直播复盘，有以下四个维度：

（1）人员复盘

人员复盘，即对参与直播的所有工作人员的表现进行复盘。直播带货的过程是团队所有成员配合的过程。因此，商家需要清晰地了解直播过程中每个人的工作是否执行到位（见表10-3）。

表10-3 人员复盘

岗位	复盘重点	关注细节	表现打分（1～10分）
主播	直播状态	直播过程中的话术、商品讲解、控场情况等	
场控	直播效果	直播中的实时目标关注，突发事件预警能力，直播间的整体视觉效果，以及流程安排、排品等	
运营	投放效果	预热视频的准备和发布，投流工具的投放操盘问题，包括视频发布、投放时机和目标、投放金额与效果	
助理	后台配合	上下架商品、库存播报、优惠券发放	
客服	用户服务	说明福利以及可能存在的售后问题，直播过程中回答用户的提问	

为了便于进行人员复盘，建议商家将直播过程录制下来，以待事后观看。

（2）商品复盘

商品复盘，即对进入直播间的货品进行复盘，主要分析直播间的选品逻辑是否合理，引流款、利润款、主推款的分配是否合理，过款流程安排是否合理，商品的核心卖点提炼是否到位，以及直播间的货品展示是否清晰美观等。

商品复盘要做到以下三个方面：

第一，筛选出销售数据最好的商品，下一场直播增加库存或者增加类似款。

第二，筛选出下单用户数最多的商品，下一场直播将其作为福利款，以增加人气。

第三，筛选出退货率最高的商品，从下一场直播带货中移除。

（3）数据复盘

直播结束后，可先从直播后台导出一份直播数据，包括评论数、粉丝新增量、销量、用户画像等，将其和之前的直播数据做横向纵向对比，找出数据背后所代表的具体原因。

直播结束后，商家主要从直播间停留时间、转粉率、老用户的活跃度等维度对数据进行分析。直播间停留时间越长表示用户对直播间越感兴趣；转粉率指进入直播间观看的新用户转为粉丝的比率，也指从公域流量到私域流量的转化；老用户的活跃度表示已关注用户在直播间的活跃度，这些老用户的活跃度一定程度上决定了直播的成交率。

商家在进行直播数据复盘的时候，要重点关注以下三个方面的数据：

第一，直播数据。

直播数据包含场次、日期、直播时长（小时）、当场的PV（网站浏览量）和UV（独立访客数）、观看人次、粉丝流量占比、评论人数占比、互动率、在线人数峰值、平均在线人数、平均停留时长、新增粉丝数、转粉率。

其中，重点关注以下几个数据：

①平均在线人数：反映账号是否具有直播带货的变现能力，通常直播间平均在线人数达到100人左右就具备了带货的基本条件。

②观看人次：衡量直播间人气的关键指标。

③平均停留时长：反映直播内容是否有吸引力，一般取决于主播的留人能力和选品能力，通常用户平均停留时长超过2分钟就是优秀水准。

④互动率：反映主播与直播间用户的互动情况。直播间主播与用户的互动是影响直播间人气的关键因素。一般互动率达到10%算是不错的数据，低于5%就要考虑对直播间的人、货、场进行优化。

⑤转粉率：反映直播间的拉新能力，优秀的主播能做到5%以上，同主播个人能力、商品、场景、团队配合都有关系。

第二，电商数据。

电商数据包含成交人数、销售额、转化率、粉丝下单占比、UV价值、客单价。

其中，重点关注以下几个数据：

①客单价：反映直播间用户的购买水平，商品的定价、销售策略、选品组合等因素均会影响客单价。

②成交人数：可用来评估直播间的流量价值和潜在客群转化情况。

③转化率：用来评估直播的带货效率，通常行业平均水平为2%～5%，好的直播间能做到5%甚至10%以上。

第三，投放数据。

如果直播间有广告投放，投放数据一般是由负责投流的投手记录，包含投放金额、订单数、GMV、1分钟停留情况、ROI（GMV÷投放金额）等。

（4）场景复盘

场景复盘相较于人员、商品和数据的复盘，是比较简单的，主要是对直播间场地、背景、灯光、设备、商品陈列等进行复盘。对合理的地方，继续坚持；对不合理之处，予以改进完善，打造用户体验更佳的直播间。

第十一章

售后服务：让头回客变成回头客

丽思卡尔顿酒店集团联合创始人霍斯特·舒尔茨认为，服务的真谛，就是运用一切方式让客人愿意再来。

拼多多店铺想在经营上取得突破，要解决的关键问题同样是如何让用户愿意再来消费。如何留住用户，让头回客变成回头客？不仅要做好售前、售中服务，还要做好售后服务，妥善处理用户关心的各种售后问题。

1. 及时发货：妥善处理发货问题

用户下单，不是销售的结束，而是售后服务的开始。用户下单后，总是希望尽快收到商品。因此，商家收到订单后，首要任务是安排发货，将货物及时送达用户手中。

拼多多平台对于商家的发货时限有明确规定，各类商品默认发货时限如表11–1所示。

表11–1　各类商品发货时限

商品类型	发货时限
普通商品	48小时
直供商品	48小时
直邮商品	120小时

商家如果延迟发货，需要向用户赔付。无论从哪个角度考量，商家都应快速、及时发货，妥善处理用户对于发货的各种疑问。

（1）主动告知发货情况

商家要把握主动权，及时处理发货，将发货信息主动告知用户。

第一，评估发货时间并主动告知用户。

商家需根据订单量、库存情况判断发货批次及每批次的发货时间，在订单成团后通过商家聊天工具主动告知用户预计发货时间、发货节奏、预计物流运输时间。

参考话术：“亲，小店已收到您的订单，请您及时确认收货信息。小店承诺发货时间为××小时（实际承诺时间），您的订单预计会在××发出，请您耐心等待哦。”

第二，打单后自动提醒。

打单后通过商家聊天工具自动提醒用户订单发货信息、发货物流、发货地等物流关键信息。

参考话术：“亲，您的商品已于××（时间）从××（地点）由××快递发出，快递单号为××××××，您可通过平台物流记录或快递官网查询相关信息。”

第三，及时告知异常情况。

如果发生延迟发货情况，需及时告知用户相关信息，包括延时时间、预计发货时间等，并给出合理化建议。

参考话术：“亲，非常抱歉，店铺因为……（解释实际原因），发货延迟。给亲带来了极大的不便，我们致以最诚挚的歉意，现在店铺已经加班加点处理，承诺在××小时内发货。如果亲不能接受，也可以申请退款，我们将马上为您处理。”

（2）如何应对用户催发货

对于用户催发货问题，商家应及时耐心做出回应，具体分以下几种情况：

第一，未到发货时间，用户催发货。

未到发货时间，用户就催促发货，如：“你好，我拍的宝贝怎么还没发货呢？”

针对这种情况，商家需要以友好的态度安抚用户。

参考话术：“您好，亲！小店承诺48小时内发货，仓库正在加紧处理订单，我们会根据下单时间按时发货的。如果您比较着急的话，我这边可以为您备注，加急处理，请您耐心等待哦。”

第二，已到发货时间，用户催发货。

已到商家承诺的发货时间，用户催发货，商家要首先确认是否已经发货。

①已经发货，但未及时提供物流信息。

要及时告知用户，让其耐心等待。如："亲，请不要着急，这边为您查了一下，您的宝贝已经发货了，快递单号为××××××。快递公司一般会在揽件后的24小时内更新物流信息，请先耐心等待。后续如果还没有消息，可以随时联系我们哦。"

②超时未发货。

如果确实是商家自身原因，比如大促活动期间因订单过多、商品缺货等导致延迟发货，要及时告知用户，在表达歉意的同时，要给出解决方案和补偿方案，争取用户谅解。

如："亲，非常抱歉，由于……（解释实际原因），发货延迟。给亲带来了极大的不便，我们致以最诚挚的歉意，现在我们已经在加班加点处理，承诺在××小时内发货。如果亲可以等待，发货后我们将送上×元优惠券，以此表达我们的歉意；如果亲不能接受，可以申请退款，我们也会马上处理的。"

2. 评价管理：如何提升用户评价

拼多多用户评价，是指用户基于其在拼多多平台与商家的真实交易，对商家提供的商品及/或服务做出的评价。

用户有权基于真实的交易对商品或服务进行评价，补差价商品等特殊商品及已全额退款的订单不开放评价。

拼多多用户评价包括店铺评分和评论内容。

第一，店铺评分。

店铺评分包括对商品质量、服务质量、服务态度、物流等方面的评分指标。每项店铺评分均为动态指标，系此前连续90天内所有评分的算术平均值。拼多多可能基于业务变化对各项指标的名称进行调整，具体以平台相应页面显示为准。每个自然月，相同用户、商家之间存在多次交易的，店铺评分仅计取前3次。店铺评分一旦做出，无法修改。

第二，评论内容。

评论内容包括文字评论、图片评论、视频评论等，具体以平台实际支持为准。

评价将于用户提交的次日生效，具体请以相关页面提示为准。用户可追加评论，但是追加评论的内容不得修改，不影响商家的店铺评分。

（1）如何管理好评

店铺收到好评后不要置之不理，要及时予以回复，表示感谢，这是赢得用户好感、争取回头客的好机会。如果店铺有优惠活动，可以在感谢的时候一并告知用户，欢迎用户随时选购，提升回头率。

商家在回复用户评价时，要注意以下几点：

第一，店铺回复条件。

若用户做出有评论内容的评价，商家可以在用户提交评价后30天内对该评价或其追加评论进行回复；若用户做出仅评分无内容的评价后，又做出有评论内容的追加评论，则在该追加评论提交后且在对应的评价提交后30天内，商家可以进行回复。

第二，店铺回复限制。

每一条评价（包括对应的追加评论）最多可回复一次，如商家对评价进行回复后用户追加评论的，商家不能再次回复。

第三，避免不当回复。

店铺回复应针对评价（包括对应的追加评论）内容进行提示、说明、解释等，商家不得在店铺回复中发布违禁信息、污言秽语、广告信息、无实际意义信息、色情低俗内容及其他有违公序良俗的信息等。拼多多有权屏蔽违反平台规定的不当回复。

（2）如何管理中评

店铺收到中评后，如果评价比较中肯，就以积极的态度回复用户，让用户感受到诚意，并表示以后会改进，欢迎其再次光临小店。

如果收到的中评没有任何道理，可以联系用户，询问其具体对哪方面不满意，提出解决方案并表达自己的诚意，协商处理。如果用户仍然不满意，商家可表明可以退换货，或给出其他处理方案，在评论区给其他用户营造一种商家很负责任的感觉，力争把负面影响降到最低。

（3）如何管理差评

店铺收到差评时，首先要判断差评的属性，看是真实差评还是恶意差评。

第一，对于真实差评。

如果用户给出的差评是基于客观消费事实，商家就要充分重视和认真对待。商家可以按“及时回复，真挚沟通，适当补偿”的三步流程来处理差评。及时回复，就是要做到快速不拖延，在收到差评的第一时间，采取一切可能的方式联系用户；真挚沟通，即表达自己的歉意和遗憾，向对方传达自己的诚意和积极态度，如果足够真诚，大部分用户的怒气都会消掉大半；适当补偿，即对投诉用户给予适当的补偿，能花钱解决的就尽量花钱解决，根据实际情况选择补偿红包、补发、退货退款或直接退款。同时，恳请用户不要给予中差评；已经给出差评的，恳请对方予以删除。

需要注意的是，国家市场监督管理总局公布的《网络交易监督管理办法》已经明确禁止商家擅自“删差评”，但可以引导用户删除。

如果实在无法引导用户删除差评，要在差评后面给予耐心、合理的回复与解释，尽量做到有理有据、有说服力，利用“差评围观热点效应”将其负面影响降至最低。

如果是由于商品质量问题引起的差评，则应要求选品团队加强对商品质量和供应链的管控；如果是由于服务因素导致的差评，则应加强相应人员的培训和管理，提高服务水平。

第二，对于恶意差评。

对于恶意差评，如果平台有申诉渠道，可以进行申诉，要求平台删除差评。

（4）拼多多对异常评价的处理措施

为了确保评价体系的公正性、客观性和真实性，拼多多将基于有限的技术手段，对违规交易评价、恶意评价、不当评价、诱导好评产生的评价等异常评价以及不当回复等破坏拼多多评价体系、侵犯用户知情权的行为予以坚决打击。打击范围主要包括以下几点：

第一，违规交易评价。

拼多多有权屏蔽违规交易产生的评价，包括但不限于平台协议、平台规则中规定的发布违禁信息、骗取他人财物、虚假交易等违规行为所涉及的订单对应的评价。

第二，恶意评价。

如用户、同行竞争者等评价人被发现以给予低分、负面评论等方式谋取额外财物或其他不当利益的恶意评价行为（包括商家自行或通过他人实施的），拼多多可屏蔽该恶意评价。

第三，不当评价。

拼多多有权屏蔽评价内容中所包含的污言秽语、广告信息、无实际意义信息、色情低俗内容及其他有违公序良俗的信息。

第四，诱导好评产生的评价。

拼多多有权屏蔽商家诱导好评产生的评价。诱导好评是指商家通过承诺返现、给予红包、优惠券等变相返现或者其他利益的方式，诱导买家确认收货并做出好评的行为，包括但不限于以下情形：

①在商品标题、描述、图片等相关信息中加入“好评返现”或其他类似内容。

②在包裹中夹带承诺“好评返现”的定制类卡券，或者其他含有诱导好评信息的附带物品等。

③通过向用户拨打电话、发送短信或其他信息来诱导好评。

④通过其他方式明示或暗示买家快速确认收货并提交好评将获得返现、变相返现或者其他利益。

异常评价是指所有违背拼多多评价体系之宗旨、原则的评价，包括但不限于违规交易评价、恶意评价、不当评价、诱导好评产生的评价等。拼多多对排查到的异常评价做不计分、屏蔽等处理，对于已经计入店铺评分的异常评价，拼多多有权通过调整店铺评分来消除异常评价对店铺的影响。

对涉及上述行为的评价人（用户）和违规商家，拼多多会分别做出以下处理：

第一，对评价人的处理。

针对前述违规行为，除对产生的评价做相应处理外，拼多多将视情形对评价人采取身份验证、限制评价、限制购买行为等处理措施。

第二，对违规商家的处理。

针对商家恶意评价、诱导好评、发布不当回复等违规行为，除对产生的评价或回复做相应处理外，拼多多将视情形对商家店铺采取商品移除资源位、禁止上资源位、标签页降权、搜索页降权、搜索页屏蔽、禁止上新、商品全部下架等处理措施。

3. 处理投诉：如何应对用户投诉

拼多多的售后服务是诸多电商平台都无法相比的，这是用户能感受到的。在出现用户投诉后，官方客服会第一时间介入，平台会优先考虑用户的利益，商家的利益往往被放在第二位。

对于用户投诉，商家务必重视起来，及时妥善处理，避免利益受损。

（1）处理投诉的基本态度

用户投诉的是那些让他们感到不满甚至愤怒的点，商家如果解决不好，不仅会伤害与用户的关系，影响老用户口碑，还会在新阶段的直播带货中遇到同样的障碍和问题。因此，商家对于用户投诉务必重视。

用户有投诉与抱怨表明他们对商家仍有期待，希望其能改进服务水平。他们的投诉与抱怨实际上是商家改进工作、提高用户满意度的机会。如果用户的投诉与抱怨得到圆满解决，其忠诚度会比其他用户更高。投诉与抱怨并不可怕，可怕的是不能有效地化解，最终导致用户流失。

在处理用户投诉时，重要的是态度要积极端正。

第一，耐心沟通。

在实际处理中，要耐心倾听用户的抱怨，不要轻易打断他们的叙述，也不要做出任何辩解和推卸，鼓励他们倾诉，让他们尽情地宣泄心中的不满。当用户得到倾诉的满足之后，他们就能听得进解释和道歉了。

第二，态度友善。

用户有抱怨或投诉表示他们对商家售出的商品或相关服务不满意。从心理上来说，他们觉得自己吃了亏。如果在处理过程中态度不友好，会让他们的心理感受及情绪很差，会恶化商家与用户之间的关系；反之，若售后服务人员态度诚恳，礼貌热情，则会降低用户的抵触情绪。

第三，及时处理。

处理投诉和抱怨的动作要快。一可以让用户感觉受到尊重；二可以表示解决问题的诚意；三可以及时防止对方的负面评价造成更大的伤害；四可以将损失减至最少。一般接到用户投诉或抱怨的信息并在线上或电话中了解详细情况后，要当即给予答复；不能立即回复的，要迅速向上级汇报，协商好处理方案，最好当天给用户答复。

第四，多给补偿。

用户投诉，很大程度是因为他们购买商品后利益受损。因此，投诉之后，他们往往会希望得到补偿。这种补偿有可能是物质上的（如更换商品、退货或获赠礼品等），也有可能是精神上的（如道歉等）。在补偿时，如果用户得到额外的收获，他们会感受到商家的诚意，并对店铺重建信心。

第五，不争对错。

处理投诉时，不要去与用户论对错。在合理的范围内，要虚心接受用户的批评，不要做无意义的争执和纠缠。处理投诉的目的是消除对方的不满情绪，解决问题。

（2）如何处理假货投诉

拼多多官方对假货的定义为假冒商品及盗版商品。假冒商品包括假冒注册商标或假冒他人厂名、厂址的商品。

拼多多对假货零容忍，而且处罚较重，不管假货的成本多低，利润多高，商家都要坚决抵制诱惑。

遇到用户对假货的投诉，如果属实，则商家要接受相应处罚，承担相应后果；如果不属实，则商家要向用户友好协商和举证。通常，拼多多会给商家7天时间，让商家和用户进行友好协商。商家可以通过以下材料向用户证明商品为正品：

①品牌方出具的正品声明函、授权证明。

②有效的进货凭证（订单、合同、发货单、发票等）、商场购物小票等。

③进口货物报关单。

④商品检测报告。

（3）如何处理物流投诉

当有用户投诉物流服务时，商家就会在后台收到物流投诉信息。因为物流异常的投诉，是无法撤销的。商家能做的就是尽快和物流公司联系，确认快递位置，然后和用户协商，做好安抚工作。如确实存在丢件或快递揽件遗漏等情况，商家核实后应及时和拼多多平台沟通，避免被判虚假发货，然后联系用户说明具体情况，减少用户的疑虑，避免用户申请退款。

如果商家想要最大限度地避免物流投诉，需要选择靠谱的快递公司合作，提前和快递公司沟通好关于物流更新的问题。在导入订单发货后，商家要及时关注物流状态，一来能减少物流异常导致的投诉，二来避免虚假发货。

（4）如何应对恶意投诉

如果商家收到恶意投诉，可以通过下面几种方式处理：

①有些用户常用恶意投诉取得赔偿，如果金额小，可以不去深究。

②通常情况下，即使是恶意的评论也是无法修改的，需要在其评论下做好回复，解释清楚事情缘由，可以加入图片提高可信度。

③如果用户恶意投诉商品金额巨大，商家要保留证据，如对话截图等。除了平台介入外，必要时商家还可以通过司法程序维护自己的合法权益。

④如果是同行的恶意投诉，可以申请平台干预，同时要屏蔽这些用户的信息。

4. 售后难题：如何降低退货率

电商创造了一个又一个销售神话，但与销量神话如影随形的，是电商居高不下的退货率。其中，直播带货的退货率又高于传统电商。

拼多多的退货率受多种因素影响，包括商品的质量、价格，用户的购物需求等。一般来说，拼多多的退货率为5%～7%。但在特殊时期，如“双11”等大促活动期间，由于用户的冲动消费，退货率可能会更高。

较高的退货率，会给商家带来直接的经济压力。商家不仅要承担退款费用和物流成本，还可能面临商品积压、库存滞销等问题，增加经营成本，损害利润。居高不下的退货率，也会导致店铺的信用受到影响，甚至可能导致店铺被降权或关停。

对于居高不下的退货率，商家应结合具体原因进行针对性处理。

（1）严控商品质量

相关数据显示，在电商用户退货的原因中，商品质量问题排在第一位，占43.3%。

很多商家追求赚快钱，选品时一味追求低价而忽略了质量，尽管一时的销售数据很好，但是退货率奇高，不仅前期所有努力尽弃，而且会降低用户对商家的信任度。

为了避免发生这种情况，就要提前做好选品把关，严控商品质量，这样将会省去很多后续麻烦。

不过，选品对于很多中小商家来说，是一个极大的挑战。当前，整个市场的供货渠道非常复杂，很多商家无法判断货源的真实性。即使是大商家也会面临供应链问题，无法做到面面俱到。中小商家由于选品团队不够成熟，实力也很有限，就更没有供应链的主动权，所以就会造成山寨货、假货横行，退货率居高不下的情况。

也正因为大环境如此，商家及运营团队更应重视选品，苦练选品本领，在涉及商品质量问题时保持自己的底线和原则，决不让步，不要为短暂利益而放弃长远的规划。只有质量为先，利益才能长久。

（2）如实准确描述商品

很多商家在发布商品时，为了吸引用户下单，在商品的基本信息如标题、关键词、图片、详情、价格等方面，过度地美化商品。这样虽然能促使用户下单，但用户收到货后发现商品与描述不符，于是就会申请退货、退款。

为避免这种情况导致的退货，商家应根据《拼多多商品描述及质量抽检规则》的规定，如实详细地对商品进行描述，即在店铺页面、商品详情页面、推广页面、客服聊天工具、直播等任何向用户展示的场景中，以文字、图片、音频、视频、口述等形式，对所销售商品本身［基本属性、价格、产地、生产者、用途、性能、规格、等级、主要成分、生产日期及保质期、有效期限、检验合格证明（如有）、使用方法说明书（如有）、数量、瑕疵等］、品牌、外包装、发货情况、交易附带物、售后服务等信息做如实、准确的描述。

（3）在直播中如实讲解商品

直播带货的退货率相对更高，原因就在于有些主播为了刺激用户下单，往往会信口开河，采取一些非常夸张的词语来形容商品。对商品的美化无可厚非，但不可过于夸大，否则，用户在收到商品后就会产生巨大的心理落差，导致退货率较高。

例如，在直播宣传中，衣服的颜色、模特的身形都是可以PS处理的。直播的时候，主播可以把美颜、虚化搞得非常夸张，一件普通的衣服也会被展示得光彩照人。但是，当用户把商品买回去就会发现，买家秀和卖家秀差距很大，这就造成高退货率。

主播在直播过程中要做到尽可能如实描述商品，多展示商品的特性和多颜色试穿，商品细节也要重点提及，让用户能够更清晰地了解该商品。注意不能夸大、虚假宣传，直播过程中虚构或夸大展示商品效果的行为，不仅会影响直播退货率，还会面临平台的严惩，严重的将会被永久关闭商品分享功能。

只有回归真实，才是建立用户信任、达成带货涨粉良性循环最好的策略。

（4）提供准确尺码

服饰类商品退货率高的一个重要原因是商品尺码常常不合适。拼多多商家无论是在线上店铺，还是在直播带货的直播间，都要尽量弥补这一短板，为用户提供足够详细、足够准确的商品尺码信息，帮助用户准确选择适合自己的尺码。

（5）酌情取消运费险

运费险的存在，很大程度上推高了退货率。因为用户退货没有任何风险，也没有任何经济成本。

很多商家吐槽，有部分用户购物后会恶意退货。由于运费险的存在，再加上很多平台的7天无理由退货政策，比如服饰类商品，用户买回去后，会先穿几天，再选择无理由退货。有商家表示："面临这些问题，有时候没有办法，只能认倒霉。"

如果取消了运费险，退货将意味着运费支出，将会打消用户很多不必要的退货念头。

当"运费险支出+处理运费险付出的成本＜运费险带来的成交增量上的收益"时，商家们就会选择取消运费险。

但此举也是一把双刃剑，取消运费险，往往会直接影响用户下单的积极性，会影响销量。孰轻孰重，需要商家做一个精准的数据评估。

（6）改善物流环节

发货时，要采取适当的包装措施，以减少在运输过程中损坏商品。同时，选择可靠的物流合作伙伴，确保商品能够及时安全地送达，提高用户满意度，降低退货率。

5. 留住用户：让头回客变回头客

丽思卡尔顿酒店集团联合创始人霍斯特·舒尔茨认为，服务生并不是“仆人”，而是要成为绅士/淑女，为绅士/淑女服务。服务的真谛，就是运用一切方式让客人愿意再来。

这揭示了一个很简单的理念：服务就是想方设法让客人再来。这是一切生意的本质，线下生意如此，线上电商也不例外。拼多多商家要想在经营上取得突破，其实要解决的关键问题就是如何让用户愿意再来消费，如何留住用户，让头回客变回头客。

有些商家喜欢攻占新市场、赢得更多新用户，期望他们给店铺带来更大成长。事实上，根据咨询公司的研究，争取一个新用户的成本是留住一个老用户的5倍，同时，一个老用户贡献的利润则是新用户的16倍。

当前，电商行业的竞争逐渐激烈，线上商家除了不断开发新用户，如何留住老用户，增强店铺用户黏性，也是商家需要倍加重视的地方。现在电商平台的付费流量越来越贵，导致开发新用户越来越难，成本越来越高。

拼多多商家需要注重维护现有用户，通过提供周到、细致的服务来锁定用户在企业长期消费，有效降低拓客成本和运营成本。

（1）提供优质的商品和服务

在丽思卡尔顿酒店集团联合创始人霍斯特·舒尔茨看来，无论哪个领域，只要涉及对人的服务，服务对象都有以下三方面的需求：

第一，希望商家提供的商品、服务或其他内容没有缺陷，没有差错。

第二，希望服务迅速且及时。

第三，希望能够享受友好的服务。

在拼多多开店也不例外，商品和服务的质量同样是吸引用户和留住用户的关键。商家需要提供优质的商品和服务，让用户感到满意。具体可从以下几个方面入手：

第一，选择优质的供应商，保证商品的品质和服务。

第二，及时发货，保证商品能够及时送达用户手中。

第三，提供优质的售后服务，及时解决用户的问题和投诉。

第四，定期推出新品和促销活动，吸引用户的关注和购买。

（2）打造老用户私域流量池

拼多多平台本质上是一个以“社交+电商”模式成长的头部电商平台，拼多多商家们也应当灵活运用“社交+电商”模式，做好社群生态维护，使店铺形成流量关系网，提升老用户留存率。因此，商家要在店铺基础私域流量池的基础上，进一步打造老用户私域流量池。

打造老用户私域流量池其实并不神秘，归根结底就是建立一种触达、维护用户的直接渠道，用个人微信号、社群等工具将老用户圈起来，通过一些运维方式，让用户感觉到商家的人品、服务的专业、商品的特色。这样用户就会对店铺产生信任感并复购。

打造老用户私域流量池要解决以下两个问题：

第一，做好老用户留存，增强老用户黏性。

第二，让老用户不断重复消费。

（3）进行服务创新

商家除了提供常规的日常维护，更需要增加超值回报。比如推出一些新颖的服务，促使老用户对店铺持续关注，增强老用户与店铺之间的黏性，让用户人际圈在有业务需求的时候，第一个想到的就是自家店铺，提高转介绍率。

（4）推出专属优惠

老用户不仅是店铺重视的用户，也是重点贡献用户，要为他们提供专属优惠，突出老用户的与众不同。例如，可以在老用户社群，也可以在老用户二次咨询价格的时候，给予他们专属的优惠价格，并且要声明这是只有老用户才有的优惠，让老用户明白，回购是一件划算的事，而且回购次数越多，优惠幅度越大，实现老用户和店铺的深度绑定。

（5）建立良好的口碑和信誉

良好的口碑和信誉是让用户留存的重要因素。因此，商家需要建立良好的口碑和信誉，让用户信任自己的店铺和商品。具体来说，可以从以下几个方面入手：

第一，及时回复用户的留言和评论，解决用户的问题和投诉。

第二，提供优质的商品和服务，让用户感到满意。

第三，适时发布重磅的新品，提高用户的关注度和信任度。

第四，积极参与官方的评价和评分，提高店铺信誉度。